AF403527

ESSAI

SUR

LES TRIBUNAUX DE PAIX,

EN MATIÈRE CIVILE CONTENTIEUSE.

DE L'IMPRIMERIE DE PILLET AÎNÉ.

ESSAI

SUR

LES TRIBUNAUX DE PAIX,

EN MATIÈRE

CIVILE CONTENTIEUSE.

A L'USAGE

DES JUGES DE PAIX, DE LEURS GREFFIERS ET HUISSIERS;
DES NOTAIRES, DES PROPRIÉTAIRES, etc., etc.

———————

PARIS.

CHEZ PILLET AINÉ, IMPRIMEUR-LIBRAIRE,
ÉDITEUR DE LA COLLECTION DES MŒURS FRANÇAISES,
RUE CHRISTINE, N° 5.

———

1822.

AVERTISSEMENT.

—

J'ai parlé dans ce livre de la compétence des tribunaux de paix et de la procédure à suivre devant eux en matière civile contentieuse, en m'attachant particulièrement à résoudre les difficultés que présentait la théorie des actions possessoires.

J'ai envisagé le juge de paix sous le double rapport de juge et de conciliateur.

J'ai réuni sur cette importante matière les règles du droit et les arrêts, qui, pour me servir des expressions du chancelier Bacon, sont les ancres qui fixent les lois.

J'ai eu souvent besoin de consulter les auteurs qui ont écrit sur le droit et la procédure. Nommer parmi ceux dont je me suis principalement aidé, M.M. Toullier et Carré, professeurs de la faculté de Rennes, Pigeau, Henrion de Pensey, c'est indiquer que j'ai puisé aux sources les plus pures.

Mais l'autorité de ces jurisconsultes ne m'a pas empêché d'avoir toujours présente à l'esprit, dans le cours de mon travail, cette belle parole d'un Anglais (1), que la sagesse de la loi est toujours plus grande que celle d'un homme quel qu'il soit.

Au reste, cet ouvrage a été fait sans prétention. C'est moins un traité qu'une analyse simple et rapide. S'il est de quelque utilité, j'aurai atteint mon but et obtenu ma récompense.

----

(1) Lord Erskine.

ESSAI

SUR

LES TRIBUNAUX DE PAIX,

EN MATIÈRE CIVILE CONTENTIEUSE.

PREMIÈRE PARTIE.

TITRE PREMIER.

DES JUGES DE PAIX ET DE LEUR COMPÉTENCE.

CHAPITRE PREMIER.

Des Juges de paix.

1. Les juges de paix sont institués par la loi du 16—24 août 1790, dont l'article 1er du titre III dispose : Loi du 16-24 août 1790, tit. 3, art. 1.

« Il y aura dans chaque canton un juge de » paix et des prud'hommes assesseurs du juge » de paix. »

La loi du 29 ventose an 9 a supprimé les assesseurs ; elle a décidé que le juge de paix Loi du 29 ventose an 9.

remplirait seul ses fonctions, et, qu'en cas de maladie, absence ou autre empêchement, il serait remplacé par un suppléant.

Même loi, article 3.

A cet effet, chaque juge de paix a deux suppléans.

Loi du 16 ventose an 12.

2. En cas d'empêchement légitime d'un juge de paix et de ses suppléans, le tribunal de première instance, dans l'arrondissement duquel est située la justice de paix, renverra les parties devant le juge de paix du canton le plus voisin.

Ce jugement de renvoi sera rendu, à la demande de la partie la plus diligente, sur simple requête, et d'après les conclusions du procureur du Roi, parties présentes ou dûment appelées.

Charte, art. 61.

3. La Charte constitutionnelle a conservé les justices de paix; mais elle a déclaré que les juges de paix, quoique nommés par le Roi, n'étaient point inamovibles.

Loi du 28 flor. an 10, art. 8.

4. D'après la loi du 28 floréal an 10, le juge de paix doit résider dans le canton où il exerce ses fonctions.

Loi du 29 ventose an 9, art. 9.

Suivant la loi du 29 ventose an 9, il est tenu de donner ses audiences au chef-lieu du canton. On a cru trouver une contradiction

C. pr. 8.

entre cette dernière loi et l'article 8 du Code

de procédure, qui permet aux juges de paix de donner audience chez eux en tenant les portes ouvertes. Mais ces deux textes se concilient sans difficulté : le juge de paix peut donner audience en sa demeure, pourvu qu'elle soit au chef-lieu du canton.

5. Les juges de paix indiqueront au moins deux audiences par semaine : ils pourront juger tous les jours, même ceux de dimanches et fêtes, le matin et l'après-midi. C. pr., 8.

6. Comme les autres magistrats de l'ordre judiciaire, les juges de paix ont des règles à observer et des devoirs à remplir.

1º. Ils ne peuvent refuser de juger sous pré- texte du silence, de l'obscurité ou de l'insuffi- sance de la loi, sous peine d'être poursuivis comme coupables de déni de justice. En effet, si la loi n'est pas précise, le juge doit en rechercher l'esprit ; et si elle garde le silence, il doit se déterminer par les règles de l'équité, qui consistent dans les maximes de droit naturel, de justice universelle et de raison (1). C. civ., 4 ; C. pr., 506, 507, 508.

2º. Ils doivent se renfermer strictement dans le cercle d'attributions que la loi leur a C. civ., 5.

---

(1) Exposé des motifs du Code civil, tome I, page 46 :
« S'il pouvait arriver, dit Domat, quelque cas qui ne fût ré-

C. pén., 127.

tracé, et dont ils ne peuvent sortir sans commettre un excès de pouvoir ; ils ne peuvent surtout prononcer, par voie de disposition générale et réglementaire, sur les causes qui leur sont soumises ; car le juge deviendrait législateur, s'il pouvait par des règlemens statuer sur les questions qui sont soumises à son tribunal. Un règlement est une loi qui lierait tous les justiciables et le tribunal lui-même ; un jugement ne lie que les parties entre lesquelles il intervient (1).

3°. Le magistrat ne doit pas, en jugeant, suivre les connaissances personnelles qu'il peut avoir du fait soumis à sa décision ; il ne doit se décider que d'après les preuves acquises dans le cours de la procédure (2).

» glé par aucune loi expresse ou écrite, il aurait pour loi les » principes naturels de l'équité, qui est la loi universelle, qui » s'étend à tout. » *Lois civiles*, liv. prél., section 1re, n° 23.

(1) Un juge de paix ne peut établir par mesure générale et réglementaire que son huissier ne donnera de citation qu'après que lui, juge de paix, en aura donné l'autorisation. C'est vainement que le juge de paix donnerait pour excuse son désir qu'il a d'être conciliateur plutôt que juge. Arrêt de la cour de cassation du 7 juillet 1817. — Sirey, 1817, Ire partie, p. 348.

(2) M. Toullier, *Droit civil français*, tome VIII, n° 39.

Ce n'est que dans les questions de droit que le magistrat peut suppléer aux omissions faites par les parties. — *Id.-ibid.*

4°. Enfin quand la loi parle, un juge ne peut s'abandonner à l'arbitraire, sous le prétexte de suivre l'équité; son ministère est d'appliquer les lois avec discernement et fidélité, de juger suivant la loi, et non pas de juger la loi (1).

7. Les juges de paix peuvent être pris à partie dans les cas suivans :

1°. S'il y a dol, fraude ou concussion qu'on prétendrait avoir été commis, soit dans le cours de l'instruction, soit lors des jugemens;

2°. Si la prise à partie est expressément prononcée par la loi;

3°. Si la loi déclare les juges responsables à peine de dommages et intérêts;

4°. S'il y a déni de justice.

La prise à partie contre les juges de paix est portée à la cour royale du ressort.

C. pr., 5o5 et suivans.

C. pr., 5o9, 5io.

---

(1) « *Meminisse debent judices esse muneris sui jus dicere,* « *non autem jus dare; leges inquam interpretari, non condere.* » Bacon, *De Officio judicis.*

« Les juges, dit Montesquieu, ne sont que la bouche qui » prononce les paroles de la loi, des êtres inanimés qui n'en » peuvent modérer ni la force ni la rigueur.» *Esprit des lois,* liv. XI, chap. 6.

CHAPITRE II.

De la compétence des Juges de paix.

—

SECTION PREMIÈRE.

Des causes personnelles et mobilières.

Loi du 16-24 août 1790, tit. 3, art. 9.

8. Le juge de paix connaît seul, dans l'étendue de son canton, de toutes les causes purement personnelles et mobilières, sans appel jusqu'à la valeur de cinquante francs, et à charge d'appel jusqu'à la valeur de cent francs.

9. Le mot *cause* est employé ici comme synonyme d'*action*.

L'action en procédure n'est autre chose que l'exercice de la faculté que nous avons de poursuivre en justice ce qui nous est dû ou ce qui nous appartient.

Si nous agissons devant les tribunaux contre une personne à raison des obligations qu'elle a contractées envers nous (1), l'action est personnelle.

———

(1) Les obligations personnelles résultent,

Des contrats et quasi-contrats, *Code civ.*, 1101, 1371 et suivans;

L'action est mobilière, si son objet est la revendication d'un meuble ;

Immobilière, si son objet est un immeuble ou un droit réputé tel par la loi.

L'action est mixte quand elle est réelle et personnelle, c'est-à-dire dirigée à la fois contre une chose immobilière que nous revendiquons, et contre une personne que nous prétendons être obligée envers nous à l'occasion de cette chose. Telles sont, par exemple, les actions en bornage, en résiliation de bail ; celles qui ont, non pas seulement pour objet la revendication d'un immeuble, mais la restitution des fruits, des dommages et intérêts…; telles sont enfin les actions possessoires, quand le demandeur réclame à la fois la possession, et des dommages et intérêts résultant pour lui du trouble apporté à cette possession.

Parmi les causes mixtes et immobilières, la

Des délits et quasi-délits, *Code civ.*, 1382 et suivans ; *Code d'instruction criminelle*, art. 1 et 2 ;

En certains cas, de l'autorité seule de la loi. *Code civ.*, 1370.

Au reste, les héritiers succèdent, en proportion de leurs parts héréditaires, aux obligations ainsi qu'aux droits de leurs auteurs, à moins que le contraire ne soit exprimé, ou ne résulte de la nature de la convention. *Code civ.*, 1122.

loi n'a rangé dans la compétence du juge de paix que les seules actions possessoires (1).

10. La première question qui se présente est celle de savoir si, dans les lieux où il n'y a pas de tribunal de commerce, on peut porter en justice de paix les actions commerciales de la valeur de cent francs ou au dessous. L'affirmative paraît, à certains auteurs, résulter de notre article 9 de la loi du 16—24 août 1790, et de l'article 2 de celle du 9—13 août 1791, qui porte :

Loi du 9—13 août 1791, article 2.

« Dans tous les *cantons* où ne sera pas
» situé le tribunal de commerce, les juges de
» paix connaîtront sans appel des demandes
» de salaires d'ouvriers et gens de mer, de la
» remise des marchandises, de l'exécution
» des actes de voiture, des contrats d'affréte-
» ment et autres objets de commerce, pourvu
» que la demande n'excède pas leur compé-
» tence. »

Mais ces dispositions nous semblent avoir été implicitement abrogées par les articles 631, 634, et 640 du Code de commerce, ainsi conçus :

---

(1) Voyez ci-après les n°ˢ 19, 6°, et 27.

Art. 631. « Les tribunaux de commerce con- Code de commerce, art. 631.
» naîtront :

» 1°. De *toutes contestations* relatives aux
» engagemens et transactions entre négocians,
» marchands et banquiers ;

» 2°. Entre toutes personnes des contesta-
» tions relatives aux actes de commerce. »

Art. 634. « Les tribunaux de commerce 634.
» connaîtront également :

» 1°. Des actions contre les facteurs, commis
» des marchands ou leurs serviteurs, pour le
» fait seulement du trafic du marchand au-
» quel ils sont attachés (1). »

Art. 640. « Dans les *arrondissemens* où il 640.
» n'y aura pas de tribunaux de commerce, les
» juges du *tribunal civil* exerceront les fonc-
» tions, et connaîtront des matières attribuées
» aux juges de commerce par la présente loi. »

Les mots *arrondissemens* et *tribunal civil*
indiquent assez que le législateur n'a entendu
parler ici que des tribunaux de première instance à l'exclusion des juges de paix ; et c'est

---

(1) Réciproquement, et dans les mêmes cas, des actions intentées par les commis, serviteurs, ouvriers, ou agens des
marchands, contre ceux-ci. Voyez M. Pardessus, *Cours de
droit commercial*, t. I, n° 40. Voyez ci-après le n° 19, 4°.

aussi à ces tribunaux qu'il est d'usage de porter toutes contestations commerciales, même au dessous de cent francs, dans les arrondissemens où il n'y a pas de tribunal de commerce.

11. Quand la loi attribue au juge de paix la connaissance des causes personnelles et mobilières jusqu'à la valeur de cent francs, il faut interpréter sainement cette disposition, et ne pas l'étendre au cas où la somme, non excédant cent francs, qui fait l'objet de la demande, ferait partie d'une somme plus forte actuellement exigible ; car il serait facile, à l'aide d'une telle interprétation, et au moyen de la division des actions, d'éluder les lois sur la compétence, et de faire entrer les valeurs les plus considérables dans celle du juge de paix.

Doit-on appliquer cette décision au cas où la somme, non excédant cent francs, ferait partie d'une créance plus forte, mais non encore exigible ? Par exemple, il s'agit d'une prestation annuelle de deux cents francs, payable en deux termes égaux : peut-on réclamer devant le juge de paix le paiement d'un des termes échus ?

C. civ., 1185.   Une dette non exigible ne peut faire l'objet d'une demande en justice, parce que le terme qui ne suspend point l'engagement en retarde l'exécution, et empêche qu'il n'ait actuellement son effet. Il en résulte que l'échéance de chaque terme ouvre en faveur du créancier un nouveau droit, et donne lieu à une action nouvelle et séparée qui doit être portée devant le juge de paix, si la valeur n'excède pas sa compétence (1).

Il en serait de même, toujours dans le cas d'une cause personnelle ou mobilière jusqu'à la valeur de cent francs, si la somme qu'on réclame est le restant d'une créance plus forte.

12. C'est par la somme demandée que se détermine la compétence du juge de paix, et non par celle adjugée.

Il est encore de principe que ce juge est incompétent, en matière personnelle et mobilière, toutes les fois qu'il a à prononcer sur un objet dont la valeur n'est pas déterminée au moins dans la demande (2).

---

(1) *Quid juris* si, dans ce cas, le titre de la dette ou de la prestation est contesté ? Nous traitons cette question au n° 16.

(2) *Nouveau Répertoire de jurisprudence*, 4ᵉ édit., au mot *juge de paix*, §. 6 et 9 ; et M. Carré, *Traité et Questions de procédure*, introduction générale, t. II, n° 82. — Voyez ci-après le n° 21.

13. Le juge de paix ne peut statuer, en matière personnelle et mobilière, sur des objets d'une valeur excédant cent francs, soit qu'il s'agisse d'un seul chef de demande, soit qu'il s'agisse de plusieurs chefs dont chacun est inférieur à cent francs, et qui, réunis, excèdent cette quotité. Mais les parties peuvent étendre *volontairement* sa compétence à une *valeur* plus considérable, pourvu que l'affaire qu'elles lui soumettent soit dans le cercle de ses attributions, et qu'il ait à cet égard principe de juridiction ; ou, en d'autres termes, la compétence du juge de paix peut être étendue ou prorogée à un objet qui ne sort de sa compétence que par le degré de sa valeur (1).

Nous verrons au titre II, n° 41, quelles formalités doivent observer les parties, pour proroger la juridiction du juge de paix.

14. Nous venons de dire que si plusieurs chefs de demande sont formés par le même exploit devant le juge de paix, ce juge doit les réunir et les cumuler pour apprécier sa compétence ; mais cela s'entend seulement du cas

C. pr., 7, 1003, 1004, 83.

______

(1) Arrêt de la cour de cassation du 10 janvier 1809.—Sirey, 1809, Ire partie, p. 170.

où ces diverses demandes sont faites par la même partie.

Si , au contraire, plusieurs personnes, ayant un intérêt distinct , réunissent dans le même exploit plusieurs actions , alors le juge de paix doit les disjoindre et prononcer sur chacune , comme si elle avait été formée par exploit séparé.

15. Lorsqu'une des parties déclarera vouloir s'inscrire en faux contre un titre communiqué, signifié ou produit dans le cours de la procédure, déniera l'écriture ou déclarera ne pas la reconnaître, le juge lui en donnera acte ; il paraphera la pièce et renverra la cause devant les juges qui doivent en connaître. *(C. civ., 1319, 1323, 1324; C. pr., 14.)*

Le juge de paix est ressaisi de la cause après qu'il a été prononcé sur l'incident (1).

Au reste , on est généralement d'avis que le juge de paix peut passer outre si , malgré que le titre soit méconnu, dénié ou argué de faux, il a néanmoins des motifs de décider (2).

---

(1) Argument de l'article 427 du *Code de procédure ; Code d'instruction criminelle*, art. 460.

(2) Argument de l'article 427 du *Code de procédure*. Voyez M. Carré , *Traité et Questions de procédure civile*, n° 57.

16. Mais le juge de paix est-il également incompétent pour connaître d'une action qui ne sort pas du cercle de ses attributions, lorsque le titre sur lequel elle est fondée est contesté par l'adversaire, qui le prétend nul, ou sujet à rescision pour défaut de cause, ou cause illicite, ou erreur, ou dol, ou incapacité des personnes qui l'ont souscrit, ou lorsqu'il y a lieu de décider une question de droit, en interprétant ce titre ?

Le juge de paix, dans ce cas, est-il tenu de renvoyer aux tribunaux ordinaires ?

M. Carré, *Traité et Questions de procédure*, n° 6, s'exprime ainsi :

« Il faut que le titre ne soit pas contesté ;
» car, dans le cas contraire, le juge de paix
» ne pourrait connaître de la demande, en-
» core bien que la somme n'excédât pas le
» taux ordinaire de sa compétence. »

Il cite un arrêt de la cour de cassation du 13 octobre 1813, qui a déclaré de la compétence du juge de paix une demande d'arrérages de rente, *attendu que le titre n'était pas contesté*.

La règle posée par le savant professeur nous semble trop générale, et devoir être restreinte dans son application aux cas suivans :

1°. Si le titre est dénié, méconnu ou argué de faux (1) ;

2°. Si le fermier ou locataire prétendant des indemnités pour non jouissance, le propriétaire en conteste le droit (2) ;

3°. Enfin s'il s'agit de prononcer sur une somme de cent francs ou au dessous, mais faisant partie d'une dette plus considérable, non encore exigible (3).

Les deux premiers cas sont posés par le législateur lui-même, et l'on sent que, dans le troisième, le juge de paix ne peut, sans excès de pouvoir, juger du mérite du titre, puisqu'il prononcerait, non sur une simple somme de cent francs ou au dessous, mais sur d'autres sommes ou prestations dont l'exigibilité serait encore suspendue, et dont ce titre serait également la cause et le principe. Il doit alors, s'il est contesté, renvoyer les parties devant le juge compétent (4).

Et c'est ce qu'a décidé l'arrêt invoqué par M. Carré, dans une espèce où la demande-

_C. pr., 14._

C. pr., 3, 4° ; loi du 16-24 août 1790, tit. 3, article 10, 4°.

---

(1) Voyez le n° précédent.

(2) Voyez ci-après le n° 19, 3°.

(3) Voyez ci-dessus le n° 11.

(4) Il faut appliquer au reste ce que nous avons dit ci-dessus, n° 15.

resse se bornait à réclamer des arrérages d'une rente échus et exigibles, et dont le titre n'était pas contesté (1).

Dans tous les autres cas, le juge de paix connaît des causes personnelles et mobilières jusqu'à la valeur de cent francs, que le titre soit contesté ou non ; car la loi à cet égard ne distingue point. Il est d'ailleurs de principe que le juge de l'action est le juge de l'exception.

Cette opinion, qui nous semble conforme à la loi, l'est aussi à la jurisprudence de la cour de cassation, qui a décidé que le juge de paix n'était pas moins compétent, quoique le défendeur excipât de la nullité du titre (2).

17. Il reste à savoir si le juge de paix peut connaître, dans les termes de sa compétence, de la demande en validité ou en nullité des offres et de la consignation. Nous croyons que cette question doit être résolue par l'affirmative ; voici nos raisons :

« Les offres réelles, suivies d'une consigna-

C. civ., 1257 et suiv. ; C. pr., 812 et suiv. ; ordonnance du 3 juillet 1816.

---

(1) L'arrêt est rapporté par Denevers, an 1813, Ire partie, page 586.

(2) L'arrêt est du 2 février 1814. — Voyez M. Sirey, 1814, Ire partie, page 263.

» tion, dit l'article 1257 du Code civil, libèrent
» le débiteur; elles tiennent lieu à son égard
» de paiement lorsqu'elles sont valablement
» faites, et la chose, ainsi consignée, demeure
» aux risques du créancier. »

Prononcer sur la validité des offres et de la consignation, c'est donc prononcer sur un paiement, c'est décider si l'action est bien ou mal fondée, si la dette existe, ou si elle n'existe pas.

Et nous pensons que le juge de paix peut statuer sur la validité des offres et de la consignation, comme il jugerait du mérite de la compensation, de la prescription, de la novation, et de tous autres moyens par lesquels on prétendrait que l'obligation a été anéantie.

18. Le jugement qui déclarera les offres va- C. pr., 816 ; C.
lables, ordonnera, dans le cas où la consigna- civ., 1262,1263.
tion n'aurait pas encore eu lieu, que, faute par
le créancier d'avoir reçu la somme ou la chose
offerte, elle sera consignée ; il prononcera la
cessation des intérêts du jour de cette consignation.

SECTION II.

Objets déterminés soumis à la juridiction du juge de paix.

Loi du 16-24 août 1790, tit. 3, art. 10; C. pr., 3. — 19. Outre les actions purement personnelles ou mobilières d'une valeur déterminée , le juge de paix connaît encore sans appel jusqu'à la valeur de cinquante francs, et à charge d'appel, *à quelque valeur que la demande puisse monter :*

1°. Des actions pour dommages faits, soit par les hommes, soit par les animaux, aux champs, fruits et récoltes.

Même loi. — 2°. Des réparations locatives des maisons et fermes.

L'article 1754 du Code civil explique ce qu'on doit entendre par réparations locatives ; ce sont celles qui sont de plein droit à la charge des locataires , et auxquelles, par conséquent, ils sont assujettis sans qu'il soit besoin d'en faire mention dans les baux.

Et l'on ne peut étendre l'attribution dont il s'agit jusqu'aux réparations plus considérables dont pourrait être chargé le fermier ou locataire par une clause de son bail (1).

---

(1) *Nouveau Répertoire de jurisprudence* , 4ᵉ édit. , au mot *juge de paix* , §. 16. — M. Henrion de Pansey, *Compétence des*

Lorsqu'à l'expiration du bail un locataire est condamné à des réparations locatives, et qu'au lieu d'exécuter le jugement il en interjette appel, les dégradations nouvelles, causées par ce défaut d'exécution, ne sont plus des dégradations locatives ; ainsi, l'action nouvelle, intentée par le bailleur en réparation de ces dégradations, n'est pas de la compétence du juge de paix (1).

3°. Des indemnités prétendues par le fermier ou locataire pour non jouissance, lorsque le droit de l'indemnité ne sera pas contesté, et des dégradations alléguées par le propriétaire (2).

Le droit à l'indemnité est contesté lorsque, le fermier ou locataire maintenant que son

Même loi.

---

juges de paix, p. 332. — Arrêt de la cour de cassation du 13 juillet 1807.

(1) Arrêt de la cour de cassation du 15 juin 1819. — Sirey, 1820, Ire partie, p. 67.

(2) La phrase incidente, *lorsque le droit ne sera pas contesté*, ne peut se rapporter, d'après les règles de la grammaire, qu'au premier membre de phrase, *des indemnités prétendues par le fermier ou locataire*. Ici même l'évidence empêche qu'il n'y ait lieu de recourir à l'interprétation ; on est cependant allé jusqu'à prétendre, devant la cour suprême, qu'on ne pouvait admettre de distinction entre le cas où il s'agissait d'indemnités réclamées par un fermier ou locataire, et celui où le proprié-

bail lui donne ce droit, le locateur soutient au contraire que cette obligation ne résulte pas pour lui du bail. Alors, le procès présente une convention à interpréter, et c'est ce que la loi, en cette circonstance, n'a pas voulu soumettre au juge de paix.

Les divertissemens de foins et de pailles, ainsi que les ensemencemens de terres sans fumiers, constituent-ils des dégradations dans le sens de la loi

Oui, et c'est au juge de paix qu'il appartient

---

taire lui-même alléguerait des dégradations ; et l'on a soutenu que, dans les deux cas, le juge de paix devenait incompétent si le droit était contesté.

La cour de cassation n'a pas eu à décider cette question, parce que, dans l'espèce qui lui était soumise, le moyen tiré de l'incompétence du juge de paix n'avait été proposé qu'en appel ; et que ce moyen tenant au fond du droit, et ne constituant pas une incompétence absolue, une incompétence *ratione materiæ*, devait être opposé *in limine litis*, faute de quoi il n'était plus recevable.

Mais le tribunal d'appel, dont on avait attaqué le jugement, nous paraît avoir fait une juste application de la loi, en décidant que l'action en dégradations est toujours de la compétence du juge de paix, et qu'il n'est pas vrai de dire que, lorsque le fond du droit est contesté, le juge de paix cesse d'être compétent, cette disposition ne s'appliquant qu'au cas où il s'agit de statuer sur les indemnités prétendues par le fermier ou locataire pour non jouissance. Voyez Sirey, 1820, Iʳᵉ partie, p. 428. — Voyez ci-dessus le n° 16.

de connaître de l'action dirigée pour raison de ces faits par le propriétaire contre son fermier; la cour de cassation l'a jugé ainsi (1).

La même cour a décidé que les juges de paix ne peuvent connaître des dégradations commises par un usufruitier pendant sa jouissance, comme de celles que peut commettre un fermier pendant son bail (2); et en effet les termes de la loi s'y opposent.

4°. Du paiement des salaires des gens de travail, des gages des domestiques, et de l'exécution des engagemens respectifs des maîtres et de leurs domestiques ou gens de travail.

Les *gens de travail* sont les terrassiers, les moissonneurs, les vendangeurs, les faucheurs, et en général tous les journaliers, c'est-à-dire ceux dont l'engagement peut commencer et finir dans la même journée (3).

On appelle *domestiques* tous ceux qui font partie d'une maison, et qui, subordonnés à la volonté du maître, en reçoivent des gages (4).

Ces mots, *de l'exécution des engagemens*

Même loi; et C. civ., 1781-2272-2101, 4°.

---

(1) Arrêt du 15 juin 1819. — Sirey, 1820, Ire partie, p. 326.

(2) Arrêt du 10 janvier 1810. — Sirey, 1810, Ire partie, p. 97. — Voyez ci-après le n° 27, 2°.

(3) *Répertoire, juge de paix.* — §. 17, n° 7.

(4) *Répertoire, ibid.* — n° 2.

respectifs des maîtres et de leurs domestiques ou gens de travail, comprennent les différends qui pourraient s'élever entre un maître et son domestique ou journalier, non seulement à raison du tems ou du prix pour lequel l'un aurait loué les services de l'autre, mais encore à raison du mode de l'accomplissement de l'obligation.

Nous avons dit ailleurs (1), et nous répétons ici que les tribunaux de commerce sont seuls compétens pour connaître des actions contre les facteurs, commis des marchands ou leurs serviteurs, pour le fait du trafic du marchand auquel ils sont attachés ; et réciproquement, dans les mêmes cas, des actions intentées par les commis, facteurs ou employés des marchands contre ceux-ci ; car on doit réputer actes de commerce, les engagemens des commerçans envers leurs commis, facteurs et autres préposés à une certaine espèce de service commercial, de même que ceux des chefs de manufactures, fabriques, ateliers et autres entrepreneurs ou artisans envers leurs ouvriers (2).

Code de commerce, art. 634.

---

(1) N° 10.

(2) M. Pardessus, *Cours de Droit commercial*, t. I, n° 40.

C'est aussi aux magistrats qui ont la police du commerce qu'est attribuée la connaissance des contestations relatives aux engagemens respectifs des entrepreneurs ou artisans et des ouvriers ou apprentis, employés dans les manufactures, fabriques et ateliers (1).

5°. Des actions pour injures verbales, rixes et voies de fait, pour lesquelles les parties ne se seront pas pourvues par la voie criminelle.

Cette disposition étant générale, on doit en conclure que le juge de paix est compétent pour connaître d'une action civile en dommages et intérêts, pour réparation d'injures verbales, quoique l'action publique, si elle était formée, ne fût pas de sa compétence ou de celle du tribunal de simple police (2).

6°. Enfin le juge de paix connaît des déplacemens de bornes, des usurpations de terres, arbres, haies, fossés et autres clôtures, commis dans l'année, des entreprises sur les

---

(1) M. Pardessus, *ubi suprà*, n°ˢ 37 et 39 ; lois du 12 avril 1803 et 18 mars 1806.

(2) Arrêt de la cour de cassation du 21 décembre 1813. — Denevers, 1814, Ire partie, p. 516.

cours d'eau commises pareillement dans l'année, et de toutes autres actions possessoires (1).

20. Dans la classe des objets déterminés soumis à la juridiction du juge de paix, la loi du 15 germinal an 3, article 12, avait rangé les contestations relatives aux baux à cheptel ; mais cette loi a été abrogée par celle du 2 thermidor an 6 ; le juge de paix ne peut donc plus comprendre ces matières dans sa juridiction, qu'autant que l'objet contesté n'excédera pas cent francs (2).

21. Nous avons dit plus haut (3) que le juge de paix ne pouvait connaître d'une cause personnelle et mobilière dont la valeur n'était pas déterminée au moins dans la demande ; ce principe reçoit également son application à l'égard des objets spéciaux soumis à ce juge , toutefois avec la différence qui résulte de la nature des choses : ainsi, quand dans les causes personnelles et mobilières la valeur n'est pas

---

(1) Nous nous en occupons spécialement au titre IV.

(2) Arrêt de la cour de cassation du 22 juin 1808. — Denevers, 1808, Ire partie, p. 447.—Sirey, 1808, Ire partie, p. 532.

(3) Au n° 12.

déterminée, le juge de paix est incompétent d'une manière absolue; mais dans les actions qui lui sont spécialement et nommément attribuées, et dont nous venons de parler dans cette section, le défaut d'évaluation de la demande l'oblige seulement de ne statuer qu'en premier ressort.

22. Sur la compétence du juge de paix, relativement à la contrefaçon d'un brevet d'invention, il faut voir la loi du 14—25 mai 1791, art. 10; *Loi du 14-25 mai 1791.*

En matière d'octroi, celle du 27 frimaire an 8, article 13, et le décret du 10 août 1809; *Loi du 27 frim. an 8, décret du 10 août 1809.*

En matière de douanes, les lois des 6—22 août, et 9—13 août 1791, et l'article 13, titre IV, de la loi du 9 floréal an 7. *Lois des 22 et 13 août 1791, et 9 floréal an 7.*

SECTION III.

Des demandes reconventionnelles.

23. On peut définir la reconvention une demande que le défendeur, cité en justice, forme à son tour devant le même juge contre le demandeur, afin d'anéantir ou de restreindre les effets de l'action intentée par celui-ci (1).

____

(1) M. Carré, *Traité et Questions de procédure*, t. I, p. 460.

24. La coutume de Paris et plusieurs autres n'admettaient la reconvention que si elle dépendait de l'action originaire, et était une défense ou une exception contre cette action. Quand la demande reconventionnelle n'était pas connexe avec l'action originaire, elle devait être poursuivie séparément devant les juges à qui il appartenait d'en connaître.

La justice, considérée alors comme patrimoniale, était plutôt dans l'intérêt du juge que dans celui du justiciable, qui ne pouvait, même de son consentement, être distrait de ses juges naturels.

Loi du 4 août 1789.

La patrimonialité des justices a été détruite par la loi du 4 août 1789 ; et il est de principe aujourd'hui que le pouvoir existe en faveur de ceux sur lesquels il est exercé.

Il n'est donc plus nécessaire que la nouvelle demande dépende de la première, et soit connexe avec elle ; il suffit qu'elle soit une défense à l'action (1).

25. Le juge de paix est saisi de la demande reconventionnelle d'après le principe que le

---

(2) *Répertoire de jurisprudence*, 4ᵉ édit., au mot *reconvention*.—M. Toullier, *Droit civil franç.*, 2ᵉ édit., t. VII, n° 408, p. 484.

juge de l'action est le juge de l'exception. Et c'est pourquoi il n'est pas nécessaire que le juge devant qui elle est formée soit celui qui aurait dû en connaître, si, au lieu d'être incidente et exceptionnelle, elle eût été principale.

Mais il faut,

1°. Que la chose qui est l'objet de la reconvention rentre dans les attributions du juge de paix (1);

2°. Que la somme que le défendeur prétend à son tour lui être due puisse être liquidée sans difficultés, sans longueurs, et de manière à ne pas retarder le jugement de l'action principale au préjudice du demandeur originaire (2).

26. Examinons maintenant l'effet que pro-

---

(1) Si la reconvention est formée devant un juge de paix, dans une instance dont l'objet principal n'excède pas les bornes de sa juridiction, tandis que l'objet de la reconvention surpasse en valeur la somme de cent francs, le juge de paix se déclarera incompétent pour juger la reconvention, et prononcera sur la demande primitive, à moins que la reconvention ne soit fondée sur le même titre que l'action primitive, auquel cas le juge de paix se déclarera incompétent pour le tout. — Voyez ci-après le n° 28.

(2) M. Henrion de Pansey, *Compétence des juges de paix*, 2ᵉ édit., p. 621. — M. Toullier, *Droit civil français*, t. VII, nᵒˢ 409 et suivans.

duisent les demandes reconventionnelles, relativement au premier ou au dernier ressort.

En général, elles doivent être cumulées avec
les demandes principales pour déterminer la
compétence du juge de paix en premier ou en
dernier ressort. La cour de cassation a plusieurs fois statué dans ce sens.

Mais la même cour a modifié cette règle par
deux arrêts, l'un du 13 novembre 1811, l'autre
du 25 février 1818 (1). Ces arrêts ont été rendus sur des contestations qui avaient été portées au tribunal civil d'arrondissement, dont
la compétence est bornée pour le dernier ressort à 1,000 fr., comme celle des juges de paix
à 50 fr. Ainsi, dans les deux cas, les principes
et les motifs de décider sont les mêmes.

Le premier de ces arrêts a jugé que lorsque la demande principale est au dessous de
1,000 fr., et que la demande reconventionnelle a pour objet des dommages et intérêts
résultant de l'exercice de l'action originaire, le
tribunal civil d'arrondissement peut y statuer
en dernier ressort, quand même cette demande

____

(1) *Journal du Palais*, t. I de 1819, p. 179, 180. — Voyez
encore un arrêt de la même cour du 3 août 1820.—Sirey, 1821,
Ire partie, p. 183.

reconventionnelle excéderait 1,000 fr., parce que la demande reconventionnelle est accessoire alors à la demande principale qui a saisi le tribunal.

D'après le second, si la demande principale au dessous de 1,000 fr. n'est pas contestée, et si l'action reconventionnelle, inférieure à cette somme, ne tend qu'à satisfaire à la première par la compensation, en sorte que le litige ne roule que sur la compensation, il y a lieu de prononcer en dernier ressort.

SECTION IV.

Observations générales.

27. Tandis que les tribunaux civils d'arrondissement exercent la juridiction ordinaire et connaissent de toutes affaires, à l'exception de celles soustraites à leur compétence par une loi formelle, le juge de paix, restreint dans le cercle de ses attributions, ne connaît que des causes qui lui sont déléguées spécialement et par exception; on dit de lui qu'il exerce une juridiction extraordinaire.

Ainsi,

1°. Quand la loi lui soumet les causes purement personnelles et mobilières, elle lui enlève par là la connaissance des causes réelles ou mixtes, autres que les actions possessoires rangées spécialement dans ses attributions (1).

2°. Quand il est compétent pour connaître des dégradations alléguées par un propriétaire contre un *fermier* ou *locataire*, il ne l'est pas si les dégradations ont été commises par un *usufruitier* pendant sa jouissance (2).

C. civ., 646.
3°. Les juges de paix sont compétens pour connaître des déplacemens de bornes, et ils ne le sont pas s'il s'agit de statuer sur une demande en bornage, fondée sur l'article 646 du Code civil (3).

C. pr., 60.
4°. L'article 60 du Code de procédure portant que les demandes formées pour frais par

---

(1) Voyez ci-dessus les n°⁸ 8 et 9. — Ainsi, la cour de cassation, par arrêt du 26 mai 1808 (Denevers, 1808), p. 95 ; a décidé que le juge de paix ne pouvait connaître d'une demande en déguerpissement, quand même elle n'excéderait pas cent francs.

Il en est de même s'il s'agit d'une action tendant à la résiliation d'un bail, puisque cette action est réputée mixte. — Arrêt de la cour de Paris du 16 février 1808. — Voyez M. Carré, *Traité et Questions de procédure*, n° 289.

(2) Arrêt de la cour de cassation du 10 janvier 1810, Sirey, 1810, 1ʳᵉ partie, p. 97. — Voyez M. Henrion de Pansey, *Compétence des juges de paix*, p. 337 et suiv. — Voyez ci-dessus le n° 19, 3°.

(3) Voyez ci-dessus le n° 19, 6°. — Voyez M. Toullier,

les officiers ministériels seront portées au tribunal où les frais ont été faits, on pourrait croire que cet article s'applique aux tribunaux de paix ; ce serait une erreur, car cette disposition se trouve au livre des tribunaux d'arrondissement ; et les juges de paix ne connaissent que des objets qui leur sont attribués par une loi spéciale. Il faut donc suivre également dans ce cas les règles de compétence que nous avons tracées ci-dessus.

5°. Enfin, pour parvenir à la manifestation de la vérité, dans les causes qui lui sont attri-

C. pr., 34 et suiv.; 41 et suiv.

Droit civil français, 2e édit. , t. III , n° 173 — M. Pardessus , *Traité des Servitudes*, n° 119, p. 200.

En effet ,

1°. Cette demande constitue une action mixte, et est, sous ce rapport , hors de la compétence du juge de paix. Voyez ci-dessus les n°s 8 et 9.

2°. Le bornage présente souvent à juger des questions de propriété très-épineuses, et doit appartenir, par conséquent, aux juges du pétitoire, c'est-à-dire aux tribunaux civils d'arrondissement.

Mais le juge de paix serait compétent pour ordonner , à *l'occasion, et par suite d'une action possessoire* , que des bornes seraient plantées ou rétablies pour déterminer la ligne séparative des deux héritages, comme l'a décidé un arrêt de la cour de cassation du 27 avril 1814. Sirey, 1814. (Ire part., p. 294.) Car, puisqu'il juge la possession, il peut déterminer jusqu'où peut aller cette possession, et quelles en seront les limites.

buées, le juge de paix peut ordonner une preuve, une vérification, auxquelles il préside : la loi lui en donne le droit.

Tarif, art. 21. Il peut encore, en recevant une caution, mettre à exécution, ou plutôt compléter de cette manière la disposition de son jugement qui l'aura ordonnée.

Mais s'agit-il de connaître de l'exécution forcée de ses jugemens et des difficultés qu'elle fait naître ? il devient incompétent, parce qu'il n'a pas la plénitude du pouvoir judiciaire, et que la loi, par un texte exprès, n'a pas étendu jusque-là sa juridiction (1).

Les contestations élevées sur l'exécution des jugemens des tribunaux de paix se portent au tribunal civil du lieu où l'exécution se poursuit (2).

---

(1) Le juge de paix peut-il connaître d'une saisie-arrêt ? Il nous semble que, par une conséquence nécessaire de ce qu'il est incompétent pour connaître de l'exécution forcée des jugemens et actes, il faut résoudre la question proposée par la négative.

Quoi qu'il en soit, et jusqu'à ce que la jurisprudence soit fixée à cet égard d'une manière certaine, un juge de paix prudent ne manquera pas de s'abstenir.

(2) Argument de l'article 553 du Code de procédure — Cour de Turin, arrêts des 6 mai et 30 juillet 1813.—Denevers, 1814, 2ᵉ partie, p. 46.—Sirey, 1814, 2ᵉ partie, p. 47.

28. Des principes développés au numéro précédent, il résulte naturellement qu'une action qui comprend plusieurs chefs dérivant de la même cause, dont les uns sont de la compétence du juge de paix, et les autres réservés aux tribunaux de première instance, doit être portée devant ces derniers tribunaux, qui exercent la juridiction ordinaire (1).

---

(1) Arrêt de la cour de Paris du 8 août 1807. — Sirey, 1814, IIe partie, p. 109. — Arrêt de la cour de cassation du 13 juillet 1807. — Sirey, 1808, Ire partie, p. 271. — Autre arrêt de la même cour du 20—29 juin 1820. — Sirey, 1821, Ire partie, p. 112.

TITRE II.

DE LA PROCÉDURE DEVANT LES TRIBUNAUX DE PAIX.

CHAPITRE PREMIER.

De la Citation.

29. LE premier acte de procédure devant les tribunaux de paix est la citation qui les saisit du différend dont ils doivent connaître (1).

Les parties citent directement devant le juge de paix (2), sans qu'il soit besoin d'obtenir de

---

(1) Si un différend est porté à deux ou à plusieurs tribunaux de paix ressortissant au même tribunal civil d'arrondissement, il y a lieu de se pourvoir en règlement de juges devant ce tribunal.

Si les tribunaux de paix relèvent de tribunaux différens, le règlement de juges sera porté à la cour d'appel dans le ressort de laquelle sont situées ces différentes justices de paix.

Si ces tribunaux ne ressortissent pas à la même cour royale, le règlement de juges sera porté à la cour de cassation.—Voyez les articles 363, 364 et suivans du Code de procédure.

(2) La citation donnée devant un suppléant du juge de paix n'est pas nulle par cela même; il y a alors présomption légale

lui une cédule, comme l'exigeait autrefois l'article 1er de la loi du 18—26 octobre 1790, lequel est abrogé par l'article 1041 du Code de procédure, qui porte :

Loi du 18-26 octob. 1790, article 1; C. pr., 1041.

« Le présent Code sera exécuté à dater du
» 1er janvier 1807 : en conséquence, tous pro-
» cès qui seront intentés depuis cette époque
» seront instruits conformément à ses disposi-
» tions. Toutes lois, coutumes, usages et rè-
» glemens, relatifs à la procédure civile, seront
» abrogés. »

30. Toute citation devant les juges de paix contiendra :

C. pr., 1.

La date des jour, mois et an ;

Les noms, profession et domicile du demandeur ; sa patente, si l'action est relative à son commerce ; sa profession ou son industrie (1) ;

Les noms, demeure et immatricule de l'huissier ;

Les noms et demeure du défendeur.

---

que le juge est légitimement empêché ; c'est à la partie intéressée à démontrer le contraire. — Arrêt de la cour de cassation du 6 avril 1819. — Sirey, 1820, Ire partie, p. 85. — Voyez ci-dessus, titre Ier, n° 1.

(1) Loi du 1er brumaire, an 7, art. 37.

Elle énoncera sommairement l'objet et les moyens de la demande, et indiquera le juge de paix qui doit en connaître, et le jour et l'heure de la comparution.

C. pr., 67 ;
Tarif, art. 66.

L'huissier exprimera, à la fin de l'original et de la copie de la citation, le coût d'icelle.

C. pr., 4, 61
et 65; Tarif, art.
22.

31. Quand la loi ordonne d'énoncer les noms, on peut douter s'il faut de même mentionner les prénoms. Il est bon de le faire, pour parvenir à une désignation plus complète de l'individu ; il convient aussi de donner copie des pièces ou de la partie des pièces sur lesquelles la demande est fondée, et d'indiquer la personne à laquelle copie de l'exploit est laissée.

C. pr., 1030.

32. Nous nous empressons de faire observer que, d'après l'article 1030 du Code de procédure, aucun exploit ou acte de procédure ne pouvant être déclaré nul, si la nullité n'en est pas formellement prononcée, et la loi ne prononçant pas une fois cette peine contre les actes et procédures faits en justice de paix, il en résulte que ces actes, et notamment les citations, ne peuvent être annulés que s'ils sont viciés par la contravention dans leur substance.

Ainsi, lorsque la citation n'a pas été donnée à personne ou à domicile, lorsqu'elle n'énonce point le nom du demandeur ou celui du défendeur, si elle n'indique point celui de l'huissier, si l'on omet d'y désigner le juge qui doit connaître de la cause, ou le jour de la comparution, c'est alors un acte informe qui ne mérite pas le nom de citation, qui n'en est pas même une, et qui, par conséquent, est frappé d'une nullité radicale.

Mais si, au contraire, la formalité omise C. pr., 5, 1030, 1031. n'est pas nécessaire à l'existence de cet acte ; si le vice qu'on lui reproche n'est pas de nature à l'empêcher de produire l'effet que la loi en attendait ; alors, sans doute, l'officier ministériel qui a péché contre les formes peut être livré aux peines que les articles 1030 et 1031 du Code de procédure prononcent contre lui ; de plus, par analogie de l'article 5 du même Code, le juge de paix, pour plus de sûreté et de précaution, peut ordonner un réassigné, si le défendeur ne comparaît pas, et mettre les frais de la première citation à la charge du demandeur, ou plutôt de l'huissier en faute ; mais la première citation ne doit pas laisser de produire les effets que la loi accorde aux actes va- C. civ., 2244. lables, et d'interrompre la prescription (1).

---

(1) « Le silence du législateur, dit M. Toullier, sur l'effet

C. pr., 2 et 59.

33. En matière purement personnelle ou mobilière, la citation sera donnée devant le juge du domicile du défendeur ; s'il n'a pas de domicile, devant le juge de sa résidence ;

Devant le tribunal du domicile du demandeur, si le défendeur n'a ni domicile ni résidence (1) ;

S'il y a plusieurs défendeurs ou coobligés, devant le tribunal de l'un d'eux, au choix du demandeur (2) ;

» que doit produire l'omission d'une formalité, ou l'inobser-
» vation d'une disposition, annonce qu'il a voulu s'en reposer
» sur la prudence du juge, qui n'est point lié, et qui peut
» prononcer la nullité d'un acte, lorsqu'il trouve qu'à défaut
» d'observation d'une formalité prescrite, l'acte est imparfait,
» ne remplit pas le but de la loi ; et surtout qu'il blesse les
» droits d'un tiers ; mais qui ne doit jamais la prononcer,
» lorsque, par ailleurs, l'acte peut remplir le but de la loi,
» et qu'il ne porte préjudice à personne : car alors personne
» n'a le droit de l'attaquer. » — *Droit civil français*, 2ᵉ édit.,
t. VII, n°. 519.

(1) M. Pigeau, *Procédure civile*, 2ᵉ édit., t. I, p. 106 ; Code civil, art. 14 ; Code de procédure, art. 69, 8°.

Quid à l'égard de l'absent ? Il est traduit devant le tribunal de son dernier domicile, tant qu'il n'y a pas de déclaration d'absence ou d'envoi en possession prononcés ; car ce n'est qu'après cet envoi que ceux qui l'ont obtenu doivent être assignés. — Code civil, 134.

(2) Ceci ne s'applique qu'au cas où tous les défendeurs sont obligés d'une manière égale et semblable. Si donc l'obliga-

En matière de garantie, devant le juge où la demande originaire est pendante (1);

Enfin, en cas d'élection de domicile pour l'exécution d'un acte, la citation est donnée devant le tribunal du domicile élu, ou devant le tribunal du domicile réel du défendeur, conformément à l'article III du Code civil.

34. La citation est donnée devant le juge de la situation de l'objet litigieux, lorsqu'il s'agit,

1°. Des actions pour dommages aux champs, fruits et récoltes ;

2°. Des déplacemens de bornes, des usurpations de terres, arbres, haies, fossés et autres clôtures, commis dans l'année ; des entreprises sur les cours d'eau, commises pareillement dans l'année, et de toutes autres actions possessoires ;

3°. Des réparations locatives ;

4°. Des indemnités prétendues par le fermier ou locataire pour non jouissance, lorsque

---

tion d'une personne est accessoire à l'obligation d'une autre, c'est le domicile du principal obligé qui détermine la compétence du juge. Ainsi, une caution simple sera assignée devant le juge du débiteur principal. Voyez M. Carré, analyse, n° 154.

(1) Voyez ci-après le n° 59.

le droit ne sera pas contesté ; et des dégradations alléguées par le propriétaire.

35. Quand la loi ordonne de citer devant le
juge de paix d'un lieu, et qu'il y a plusieurs
juges de paix dans ce lieu, cela ne s'entend pas
d'un de ces juges de paix au hasard, mais de
celui dans le canton ou la division particulière
duquel se trouve l'objet ou le domicile attributif
de compétence.

C. pr., 1037.   36. La citation ne peut être donnée, depuis
le 1er octobre jusqu'au 31 mars, avant six heures
du matin, et après six heures du soir ; et depuis
le 1er avril jusqu'au 30 septembre, avant quatre
heures du matin, et après neuf heures du
soir ; non plus que les jours de fête légale, si ce
n'est en vertu de permission du juge, dans le
cas où il y aurait péril en la demeure.

C. pr., 4 ; loi   37. La citation est notifiée par l'huissier de
du 19 vend. an   la justice de paix du domicile du défendeur ; en
4 , art. 27.   cas d'empêchement, par celui qui est commis
par le juge dans le ressort duquel la citation est
donnée.
Mais on ne pourrait attaquer comme nulle
la citation signifiée par un autre huissier que

celui qui est attaché à la justice de paix du défendeur, par les raisons que nous avons données ci-dessus (1).

Au reste, lorsqu'il y a lieu de faire commettre un huissier par le juge, celui-ci délivre, à cet effet, sans frais, à la partie requérante, une cédule qui est exempte de la formalité de l'enregistrement. [Tarif, art. 7; loi du 18 therm. an 7.]

Dans tous les cas, copie de la citation est laissée à la personne, ou au domicile de la partie; s'il ne se trouve personne en son domicile, la copie est laissée au maire ou adjoint de la commune, qui vise l'original sans frais. [C. pr., 4, 69 et 1039.]

38. L'huissier de la justice de paix ne peut instrumenter pour ses parens en ligne directe, ni pour ses frères, sœurs et alliés au même degré. La loi ne lui défend pas d'instrumenter contre eux (2). [C. pr., 4 et 1039.]

---

(1) N°. 32. — Voyez aussi un arrêt de la cour de cassation du 6 juillet 1814. — Sirey, 1815, Ire partie, p. 41.

La loi du 27 mars 1791 condamnait, en ce cas, à 6 francs d'amende l'huissier contrevenant. — Voyez les art. 1030 et 1031 du Code de procédure.

(2) Arrêt de la cour de Liége du 10 juillet 1811. — Sirey, 1812, IIe partie, p. 289.

C. pr., 5. 39. Il y aura au moins un jour franc entre celui de la citation et le jour indiqué pour la comparution, si la partie citée est domiciliée dans la distance de trois myriamètres (environ six lieues).

Si elle est domiciliée au delà de cette distance, il sera ajouté un jour par trois myriamètres de distance de son domicile au lieu dans lequel elle est obligée de se trouver.

La loi donnant un jour par trois myriamètres, si la distance était de cinq myriamètres, par exemple, ou de sept, devrait-on augmenter le délai, dans le premier cas, de deux jours, ou de trois jours dans le second ?

Quelques auteurs très-recommandables tiennent l'affirmative, en argumentant de l'esprit de la loi : nous ne pouvons embrasser leur avis. La loi accorde un jour par trois myriamètres, et par conséquent elle n'accorde également qu'un jour s'il y en a cinq, deux jours s'il y en a sept. Le texte est précis. *Cum in verbis nulla ambiguitas est, non debet admitti voluntatis quæstio* (1).

C. pr., 5. Dans le cas où les délais n'auront point été observés, si le défendeur ne comparaît pas, le

---

(1) Loi XXV, §. 1, Dig. *de Leg.*

juge ordonnera qu'il sera réassigné, et les frais de la première citation seront à la charge du demandeur.

40. Dans les cas urgens, le juge donnera une cédule pour abréger les délais, et pourra permettre de citer même dans le jour et à l'heure indiqués.

C. pr., 6, 8, 1037 ; Tarif, article 7.

41. Les parties pourront toujours se présenter volontairement devant un juge de paix ; auquel cas il *jugera leur différend*, soit en dernier ressort si les lois ou les parties l'y autorisent, soit à la charge de l'appel, encore qu'il ne fût le juge naturel des parties ni à raison du domicile du défendeur, ni à raison de la situation de l'objet litigieux (1).

C. pr., 7, 1002, 1004, 83.

La déclaration des parties qui demanderont jugement sera signée par elles, ou mention sera faite si elles ne peuvent signer.

42. Les formalités prescrites par la deuxième partie de notre article 7 sont substantielles ; leur inobservation empêcherait que le droit de juger ne fût acquis au juge de paix. Car si l'on

---

(1) Voyez ci-dessus le n° 13.

ne peut en général, comme l'a décidé la cour de cassation (1), séparer le pouvoir que la loi donne aux juges des conditions sous lesquelles il leur est accordé ; cette règle doit être surtout rigoureusement appliquée, lorsqu'il s'agit d'étendre une juridiction extraordinaire.

43. Une autre question se présente : L'art. 7 se réfère au cas où les parties comparaissent volontairement devant un juge de paix ; mais si ce juge est saisi par une citation, et que les parties veuillent, dans une cause qui n'admet que le premier ressort, se faire juger en dernier ressort, suffira-t-il qu'elles autorisent verbalement et à l'audience le juge de paix, et que celui-ci mentionne dans le jugement l'autorisation qu'il a reçue ?

Ceux qui pensent que le juge de paix, dans le cas proposé, a besoin, pour pouvoir juger en dernier ressort, de la déclaration signée par les parties, quand elles peuvent le faire, établissent ainsi leur opinion :

« Ce n'est qu'en se renfermant dans les at-
» tributions que la loi lui confère que le juge

---

(1) Arrêts de la cour de cassation des 18 juin et 24 octobre 1817. — Sirey, 1817, p. 298 ; et 1818, p. 118.

» de paix peut décider comme juge ; alors, et
» dans cette qualité, il constate les dires et ré-
» quisitions des parties, donne acte des aveux,
» et prononce dans les termes de la loi.

» Si la loi ne lui a pas donné le droit de
» juger, ou qu'elle ne lui ait permis de juger
» qu'en premier ressort, il ne peut étendre
» sa juridiction de lui-même ; il faut qu'il en
» reçoive le pouvoir exprès des parties ; c'est
» un arbitre alors, et il n'en diffère que parce
» qu'institué par le Roi, il prononce en son
» nom, et donne force exécutoire à ses juge-
» mens.

» Mais le juge de paix ne peut être arbitre C. pr., 7 et 1005.
» qu'en vertu d'une autorisation qui se donne
» ou par procès-verbal devant ce juge, assisté
» de son greffier, ou par acte devant notaire,
» ou sous signature privée ; et dans tous les
» cas, cette autorisation est signée par les par-
» ties, si elles le peuvent ; dans le cas con-
» traire, l'officier qui reçoit la déclaration le
» constate.

» La disposition de l'article 7 donne un C. pr., 7.
» grand poids à cette opinion ; car quoique
» les termes de cet article ne soient pas rigou-
» reusement applicables au cas dont il s'agit,
» il faut dire néanmoins qu'il y a analogie par-

» faite, et l'analogie est le véritable esprit de
» la loi, et le guide le plus sûr quand elle est
» obscure. »

On répond :

« Que l'article 7 parle du cas où les parties
» se présentent volontairement; que cet ar-
» ticle est exorbitant du droit commun, qu'il
» doit être sévèrement restreint dans les li-
» mites posées par son texte même ; et qu'il
» ne peut plus être applicable au cas où les
» parties comparaissent sur citation ; que le
» juge de paix est alors légalement saisi ; qu'il
» a qualité pour recevoir toutes déclarations
» des parties et les consigner dans le juge-
» ment; qu'il importe peu que ces déclara-
» tions soient écrites ou verbales, puisque le
» jugement est authentique et fait foi jusqu'à
» inscription de faux ; qu'on ne peut guère
» supposer d'ailleurs qu'un juge de paix s'ac-
» corde avec son greffier pour surprendre la
» bonne foi des parties, ou dénaturer et fal-
» sifier des faits qui se seraient passés en
» pleine audience ; enfin que, dans les tribu-
» naux ordinaires, il suffit d'une déclaration
» orale des parties, consignée dans le juge-
» ment, pour proroger la juridiction des juges. »

CHAPITRE II.

De l'Appel des causes.—Du Défaut.—De la Comparution des parties.—Des Exceptions.—Observations générales.

De l'Appel des causes.

44. Au jour d'audience indiqué par la citation, l'huissier appelle les causes par ordre de priorité, suivant la date des citations; et s'il y a quelques affaires qui n'aient pas été au tour d'être appelées à la première audience, elles seront remises à la prochaine, et appelées les premières.

Du Défaut.

45. Si l'une des parties ne comparaît pas à C. pr., 19 et 9. l'appel de la cause par elle-même ou par son fondé de pouvoir, la cause sera jugée par défaut, sauf la réassignation dans le cas prévu par le dernier alinéa de l'article 5 du Code de procédure (1).

---

(1) Voyez ci-dessus le n° 39.

Si c'est le demandeur qui fait défaut, le défendeur obtient congé ou renvoi de la demande, puisque celui qui devait la soutenir ne se présente pas et est présumé l'abandonner (1).

C. pr., 150, 19 et 20.

Si, au contraire, le défendeur ne comparaît pas, les conclusions de son adversaire seront adjugées si elles se trouvent justes et bien vérifiées.

C. pr., 151, 152.

46. Toutes les parties appelées et défaillantes seront comprises dans le même défaut. Lorsque plusieurs parties auront été citées pour le même objet à différens délais, il ne sera pris défaut contre aucune d'elles qu'après l'échéance du plus long délai.

Le désir d'éviter les frais, joint aux considérations que nous allons faire valoir immédiatement dans une question analogue, doit, selon nous, déterminer les juges de paix à adopter ces dispositions des articles 151 et 152 du Code de procédure.

C. pr., 153.

46 *bis*. Si de deux ou de plusieurs parties assignées, ayant des intérêts communs et sem-

---

(1) Code de procédure, art. 434. — Arrêt de la cour de cassation du 7 février 1811. — Sirey, 1811, p. 213.

blables, l'une fait défaut et l'autre comparaît, doit-on appliquer la disposition de l'article 153 du Code de procédure, qui, statuant sur ce cas, porte :

« Le profit du défaut sera joint, et le juge-
» ment de jonction sera signifié à la partie dé-
» faillante par un huissier commis : la signi-
» fication contiendra assignation au jour au-
» quel la cause sera appelée : il sera statué
» par un seul jugement qui ne sera pas suscep-
» tible d'opposition. »

Cet article se trouve au livre des tribunaux de première instance; mais la loi sur les justices de paix n'ayant rien statué à cet égard, il y a lieu de se diriger d'après les règles du droit commun, si ces règles ne sont pas des dispositions pénales, et si elles ne préjudicient en rien aux droits des parties (1).

Or, l'article 153 n'aggrave en aucune manière leur condition. Il n'a pour but que de simplifier la procédure, de diminuer les frais, d'éviter la contrariété des jugemens.

Il n'a d'ailleurs rien d'incompatible avec l'organisation et les formes de procéder par-

____

(1) Voyez ci-après les n°s 62 et 63.

ticulières aux tribunaux de paix; et nous croyons que l'application de cet article y doit avoir lieu : *favores ampliandi* (1).

C. pr., 156.   47. Mais doit-on suivre également en justice de paix l'article 156 du Code de procédure, qui veut que les jugemens par défaut qui ne seront pas exécutés dans les six mois de leur obtention soient réputés non avenus?

La négative n'est pas douteuse, parce que cet article prononce une déchéance, et que les déchéances ne s'étendent pas d'un cas à un autre (2).

C'est aussi ce qu'a décidé la cour de cassation (3).

Nous parlerons au titre III, chap. 2, sec-

---

(1) Voici encore un motif d'analogie :
Un arrêt de la cour de cassation du 29 janvier 1819 (Sirey, 1820, Ire partie, p. 55), a décidé que l'article 153 était applicable aux tribunaux de commerce. Cependant, le titre XXV, qui traite de la procédure de ces tribunaux, ne contient aucune disposition à cet égard ; et d'ailleurs cet article 153 n'est point déclaré applicable aux jugemens commerciaux, comme le sont les articles 156, 158, 159, par les articles 642 et 643 du Code de commerce.
(2) Voyez ci-après les n°s 62 et 63.
(3) Arrêt du 13 septembre 1809. — Sirey, 1809, Ire partie, p. 419.

tion 1re, de la manière de se pourvoir contre les jugemens par défaut.

De la comparution des parties.

48. Si, au jour fixé par la citation ou con- C. pr., 9 et 13. venu entre les parties, elles comparaissent en personne ou par un fondé de pouvoir, elles sont entendues contradictoirement devant le juge de paix (1), sans qu'il leur soit permis de faire signifier aucune défense (2).

Quand les parties se font représenter par un fondé de pouvoir, la procuration doit être spéciale, faite sur papier timbré, et enregistrée ; il n'est pas nécessaire qu'elle soit notariée.

---

(1) Les parties seront tenues de s'expliquer avec modération devant le juge, et de garder en tout le respect qui est dû à la justice ; si elles y manquent, le juge les y rappellera d'abord par un avertissement ; en cas de récidive, elles pourront être condamnées à une amende, qui n'excédera pas la somme de dix francs, avec affiches du jugement, dont le nombre n'excédera pas celui des communes du canton. *Code de procédure*, 10 et 1036.

Dans le cas d'insulte ou irrévérence grave envers le juge, il en dressera procès-verbal, et pourra condamner à un emprisonnement de trois jours au plus. *Code de procédure*, 11.

Les jugemens, dans les cas prévus par les précédens articles, seront exécutoires par provision. *Code de procédure*, 12.

(2) Mais les parties peuvent lire des défenses, et même remettre des mémoires au juge de paix.

Cependant, une procuration par acte sous seing privé pourrait être contestée devant le juge de paix ; et alors il faudrait recourir à une vérification d'écriture, ce qui entraînerait des longueurs et des frais. Il est donc plus prudent de la faire dresser par un notaire.

Des exceptions.

C. civ., 1315, 1316.

49. Ainsi, le demandeur établit et explique sa demande, et le défendeur la discute.

Les exceptions que celui-ci peut opposer contre la demande, tiennent à la forme ou au droit.

SECTION PREMIÈRE.

50. Nous allons parler d'abord des exceptions qui sont, pour ainsi dire, en dehors de la cause.

La première peut résulter de l'incompétence du juge.

Il peut y avoir incompétence à raison de la personne ou de la situation de l'objet litigieux, et incompétence à raison de la chose.

§. 1. — *De l'incompétence à raison de la personne ou de la situation de l'objet litigieux.*

C. pr., 2 et 3.

51. Il s'agit d'une action personnelle ou mobilière, la partie n'a point été traduite de-

vant le juge de son domicile, conformément à l'article 2 du Code de procédure ; ou bien il s'agit d'une action possessoire, et le défendeur a été cité devant un autre juge que celui de la situation de l'objet litigieux.

Dans le premier de ces deux exemples, il y a incompétence à raison de la personne ; dans le second, à raison de la situation de l'objet litigieux ; et cette dernière incompétence admet, quant à l'exception à laquelle elle donne lieu, les mêmes règles que l'incompétence à raison de la personne.

Dans ces deux cas, le défendeur appelé devant un juge qui n'est pas le sien, devra demander, préalablement à toutes autres exceptions et défenses, le renvoi de la contestation devant le juge qui doit en connaître.

C. pr., 168, 169, 424.

S'il ne proposait pas d'abord cette exception, vainement chercherait-il à s'en prévaloir par la suite ; car en ce qui ne touche pas l'ordre public, les parties sont libres de renoncer à leurs droits (1) ; et dans l'espèce, en plaidant devant un juge incompétent, le défendeur se-

---

(1) *Regula est juris antiqui omnes licentiam habere his quæ pro se indulta sunt renuntiare.* Loi XXIX et LI. — *Code.*

rait réputé reconnaître et accepter sa juridiction ; le contrat judiciaire serait formé.

§. 2. — *De l'incompétence à raison de la chose.*

52. Il y a incompétence à raison de la chose, lorsque l'affaire soumise au tribunal du juge de paix n'est pas dans le cercle de ses attributions (1).

C. pr., 170. Alors le renvoi devant le juge compétent peut être demandé en tout état de cause, et s'il n'était pas demandé, le juge est tenu de renvoyer d'office devant qui de droit ; s'il ne le faisait, son jugement pourrait être annulé par la voie d'appel ou celle de cassation (2).

§. 3. — *Exceptions de litispendance et de connexité.*

53. Ce n'est pas seulement dans les cas d'incompétence qu'il y a lieu de renvoyer la cause devant un autre tribunal ; le renvoi peut être également prononcé, s'il y a litispendance ou connexité.

Il y a litispendance, si l'action qu'on intente devant un tribunal est déjà soumise à un autre

---

(1) Voyez ci-dessus, titre I, chap. 2.
(2) Comme nous le verrons, titre III, n°s 112, 124 et 125.

tribunal qui n'a pas encore statué définitivement.

Il y a connexité toutes les fois que la demande qu'on forme est tellement liée avec
celle déjà intentée devant un autre tribunal,
que le jugement de l'une doit influer sur le jugement de l'autre (1).

L'article 171 du Code de procédure porte :
« S'il a été formé précédemment, en un
» autre tribunal, une demande pour le même
» objet, ou si la contestation est connexe à
» une cause déjà pendante en un autre tribu-
» nal, le renvoi pourra être demandé et or-
» donné. »

C. pr., 171.

Le renvoi pour cause de litispendance ou de
connexité, est demandé au tribunal saisi par
la dernière assignation.

Dans le cas de litispendance, si le renvoi
n'était pas ordonné, il y aurait lieu alors au
règlement de juges (2).

C. pr., 363 et
suivans.

§. 4. — *De la récusation.*

54. Le troisième moyen de décliner la juridiction du juge de paix, est de récuser ce juge.

---

(1) M. Pigeau, *Procédure civile*, pages 59, 145 et 147.
(2) Nous en avons parlé, n° 29, note première.

C. pr., 44.

55. Les juges de paix pourront être récusés,

1°. Quand ils auront intérêt personnel à la contestation ;

2°. Quand ils seront parens ou alliés d'une des parties, jusqu'au degré de cousin-germain inclusivement ;

3°. Si, dans l'année qui a précédé la récusation, il y a eu procès criminel, correctionnel ou de police, entre eux et l'une des parties ou son conjoint, ou ses parens et alliés en ligne directe ;

4°. S'il y a procès civil existant entre eux et l'une des parties ou son conjoint ;

5°. S'ils ont donné un avis *écrit* dans l'affaire.

C. pr., 382,
343.

56. La récusation n'a d'effet qu'autant qu'elle est opposée avant toutes exceptions, autres que les demandes en renvoi (1).

C. pr., 45 ;
Tarif, art. 3o.

Elle est formée par un acte en contenant les motifs, que la partie fait signifier par le premier huissier requis au greffier de la justice de paix qui vise l'original. L'exploit est signé sur l'original et la copie par la partie ou son fondé de pouvoir spécial ; la copie est déposée

---

(1) Elle est signifiée d'ordinaire avant la comparution des parties.

au greffe, et communiquée immédiatement au juge par le greffier.

Le juge est tenu de donner au bas de l'acte de récusation, dans le délai de deux jours, sa déclaration par écrit, portant, ou son acquiescement à la récusation, ou son refus de s'abstenir, avec ses réponses aux moyens de récusation.

C. pr., 46.

57. Si le juge de paix acquiesce à la récusation, il est remplacé, ainsi qu'il est dit ci-dessus, titre Iᵉʳ, nᵒˢ 1 et 2.

C. pr., 47; Tarif, art. 14.

S'il n'y a point acquiescement, dans les trois jours de la réponse du juge qui refuse de s'abstenir, ou faute par lui de répondre, expédition de l'acte de récusation, et de la déclaration du juge, s'il y en a, sera envoyée par le greffier, sur la réquisition de la partie la plus diligente, au procureur du Roi près le tribunal de première instance, dans le ressort duquel la justice de paix est située : la récusation y sera jugée en dernier ressort dans la huitaine, sur les conclusions du procureur du Roi, sans qu'il soit besoin d'appeler les parties.

Si la récusation est jugée valable, on procède comme dans le cas de l'acquiescement; si elle est jugée mal fondée, devant le juge mal à propos récusé : dans tous les cas, ce juge doit s'abstenir jusqu'à cette décision.

§. 5. — *Exceptions diverses* (1).

58. Le défendeur peut encore opposer contre la demande, et avant d'en venir à la discussion du droit (2),

1°. Que la citation est nulle dans la forme (3);

2°. Que le demandeur *étranger* n'a pas fourni caution pour le paiement des frais et dommages et intérêts résultant du procès;

3°. Que les parties, ou l'une d'elles, sont incapables pour intenter la demande, ou pour y défendre (4);

C. pr., 173 et 1030.

C. civ., 16, 11 et 13; C. pr., 166.

---

(1) Nous nous contenterons d'indiquer ces exceptions, sans entrer dans des développemens qui embarrasseraient notre marche, et auxquels le lecteur suppléera aisément : trop de détails entraînent trop d'ennui.

(2) Régulièrement, ces exceptions doivent être proposées dans l'ordre où nous les présentons, et comme l'indiquent les articles 173, 166, 186, 187 du *Code de procédure*, qui doivent servir d'exemple, mais non de loi au juge de paix.

Si la partie intéressée négligeait de les faire valoir, son silence devrait en faire présumer l'abandon, et le juge ne pourrait les admettre d'office.

(3) Voyez ci-dessus les nᵒˢ 30, 31 et 37.

(4) Les actions des accusés ou condamnés par contumace sont exercées par les préposés de l'Administration des Do-

4°. Que les délais pour faire inventaire et délibérer ne sont pas encore expirés ; *C. civ., 795, 797, 1456, 1459, 1463 ; C. pr., 174, 186, 187.*

5°. Qu'il y a lieu de discuter le débiteur principal, si c'est contre la caution que les poursuites sont dirigées ; *C. civ., 2021, 2022, 2023 ; C. pr., 186, 187.*

---

maines, jusqu'à ce qu'il ait été statué sur le véritable sens des articles 27 et 28 du Code civil.

Celles des morts civilement le sont sous le nom et par le ministère d'un curateur spécial, qui leur est nommé par le tribunal où l'action est portée. *Code pénal, 18 ; Code civil, 25.*

Celles des condamnés aux travaux forcés à tems ou à la réclusion seront exercées, pendant la durée de leur peine, par un curateur, nommé pour gérer et administrer leurs biens. *Code pénal, art. 29.*

A compter du jour de la faillite, le failli est dessaisi de plein droit de l'administration de tous ses biens. *Code de comm., art. 442.* — Des syndics sont chargés d'agir et de répondre en son nom, conformément aux articles 459, 492, 494, 499, 563, etc., etc., du *Code de commerce.*

La femme ne peut ester en jugement sans l'autorisation de son mari, ou de justice. *Code civil, 215, 218, 222, 224, 225, 1125 ; Code de proc., 861 et suivans.*

Le mineur non émancipé ne peut également intenter une action en justice, ni y défendre, s'il n'est représenté par son tuteur, mandataire responsable à son égard. *Code civ., 450.* Ce tuteur a même souvent besoin d'être autorisé par un conseil de famille. *Code civil, 464, 465, 467.*

Les lois sur la tutelle du mineur s'appliquent à la tutelle de l'interdit. *Code civil, 509.*

Il peut être aussi défendu aux prodigues et à ceux qui n'ont

C. civ., 2025,
2026; C. pr.,
186, 187.

Ou de diviser l'action entre les cautions, dans le cas où plusieurs personnes se seraient rendues cautions d'un même débiteur et pour une même dette ;

6°. Qu'il y a lieu de mettre garant en cause.

---

pas l'entier exercice de leur raison, de plaider sans l'assistance d'un conseil. *Code civil*, 449, 513 et suivans.

Quant au mineur émancipé, il ne peut intenter d'action *immobilière*, ni y défendre, sans l'assistance d'un curateur et sans l'autorisation du conseil de famille. *Code civil*, 482, 484. Mais il peut intenter seul toute action purement mobilière, ou y défendre. *Code civil*, 482. Voyez M. Toullier, *Droit civil français*, 2ᵉ édition, t. II, n° 1296.

Les créanciers des communes (c'est-à-dire ceux qui ont à exercer contre elles des actions pour créances) ne peuvent intenter d'action qu'après en avoir obtenu la permission par écrit du conseil de préfecture ; mais cette administration ne peut décider le fond ; elle examine seulement s'il lui convient d'ordonner à la commune de passer condamnation et de payer. *Arrêté des consuls* du 17 vendémiaire an 10. *Avis du Conseil d'état* du 28 juin 1806, approuvé le 3 juillet suivant.

Les communes elles-mêmes et les *établissemens publics* sont tenus, pour former une demande en justice, de se conformer aux lois administratives. *Code de proc.*, 1032, 69, 1039. La loi qui règle les formalités que doivent, dans ce cas, observer les communes, est celle du 29 vendémiaire an 5. L'autorisation qu'elles doivent obtenir est celle du conseil de préfecture.

A l'égard des fabriques, voyez le décret du 30 décembre 1809.

§. 6. — *De la garantie.*

59. Si au jour de la *première comparution*, C. pr., 28, 32, 176.
le défendeur demande à mettre garant en
cause, le juge accordera délai suffisant, en raison de la distance du domicile du garant : la
citation donnée au garant sera libellée (c'est-
à-dire, contiendra les motifs et les moyens de
la demande en garantie), sans qu'il soit besoin
de lui notifier le jugement qui ordonne sa mise
en cause.

S'il y a plusieurs garans intéressés en la C. pr., 175.
même garantie, il n'y aura qu'un seul délai
pour tous, qui sera réglé selon la distance du
lieu de la demeure du garant le plus éloigné.

Si le garant prétend avoir droit d'en appeler C. pr., 32 et 176.
un autre en sous-garantie, il demandera délai,
et procédera comme le défendeur originaire
qui l'a lui-même mis en cause.

60. Si la mise en cause n'a pas été demandée C. pr, 33.
à la première comparution, ou si la citation
n'a pas été faite dans le délai fixé, il sera procédé sans délai au jugement de l'action principale, détachée de l'action en garantie, qui
devient alors elle-même une action principale,
et se poursuit devant les juges compétens.

SECTION II.

61. Enfin le défendeur peut prétendre que l'obligation elle-même n'existe pas pour lui, soit d'une manière absolue, soit relativement à la personne qui en réclame l'accomplissement, et qui est sans qualité pour le faire;

C. civ., 1181, 1185. Que cette obligation est suspendue par une condition, ou retardée par un terme;

C. civ., 1235, 1965. Qu'elle est naturelle et ne donne lieu aux poursuites judiciaires;

C. civ., 1317, 1318, 1325, 1326, 1327….; loi sur le notariat, du 25 vent. au 11. Qu'elle n'est pas constatée par des actes réguliers et valables;

C. civ., 1108. Qu'elle est nulle pour défaut de consentement, d'objet licite, de cause, de capacité;

C. civ., 1234, 2224. Enfin qu'elle est éteinte, soit par la prescription, soit par le paiement, la novation, la compensation, etc., etc.; mais celui qui se

C. civ., 1315. prétend libéré doit justifier le paiement ou le fait qui a produit l'extinction de son obligation.

OBSERVATIONS GÉNÉRALES.

62. La procédure devant les tribunaux de paix a pour caractères la spécialité et la simplicité.

Mais cette simplicité de formes, cette concision de procédure, qu'on s'est attaché à éta-

blir dans ces tribunaux, et qui présentent
d'immenses avantages, en diminuant les frais
et facilitant une prompte décision des causes,
ont donné lieu aussi à de graves inconvéniens.
Des choses essentielles à la loi ont été omises ;
beaucoup de cas n'ont point été prévus, d'autres n'ont point été expliqués ; et si, d'un côté,
le juge de paix doit craindre, en cessant d'être
guidé par la lettre de la loi, de s'abandonner
à un système toujours dangereux d'extension
et d'interprétation arbitraire ; de l'autre, rester
servilement attaché à la procédure indiquée,
sans s'en écarter jamais, sans jamais y suppléer,
c'est se mettre en opposition avec l'esprit de
la loi qui semble impérieusement exiger le contraire, c'est s'exposer à commettre mille er-
reurs, c'est se réduire souvent à l'impuissance
absolue de juger.

Nous avons déjà fait connaître notre opinion
sur cette difficulté, et nous persistons à croire
que, dans les cas douteux ou non prévus, le
juge de paix ne peut mieux faire pour rassurer
sa conscience, fonder sa conviction, parvenir
enfin à la justice qui doit servir de base à ses
jugemens, que de chercher dans le droit commun une règle pour se diriger et un flambeau
pour se conduire : la meilleure loi, a dit le

chancelier Bacon, est celle qui laisse le moins
à l'arbitraire du juge ; le meilleur juge, celui
qui s'en permet le moins (1).

Domat, *Traité des lois civiles* (2), s'exprime
ainsi :

« Si dans quelque loi il se trouve une omis-
» sion d'une chose qui soit essentielle à la loi,
» ou qui soit une suite nécessaire de sa dispo-
» sition, et qui tende à donner à la loi son en-
» tier effet, selon son motif, on peut, en ce
» cas, suppléer ce qui manque à l'expression,
» et étendre la disposition de la loi à ce qui,
» étant compris dans son intention, manquait
» dans les termes. »

Le même auteur ajoute (3) :

« Si les lois où il se trouve quelque doute
» ou quelque autre difculté ont quelque rap-
» port à d'autres lois qui puissent en éclaircir
» le sens, il faut préférer à toute autre inter-
» prétation celle dont les autres lois donnent
» l'ouverture. »

---

(1) *Optima lex quæ minimùm relinquit arbitrio judicis ; op-
timus judex qui minimùm sibi.* Tract. de just. univers., aphorismus 46.

(2) Liv. Ier, tit. I, section 2.

(3) *Ibid.*, n° 18.

Et M. Carré pense de même que, quand
les lois spéciales n'ont rien déterminé à l'égard
de certains actes ou de certains cas qu'elles indiquent ou qu'elles supposent, il faut nécessairement, pour écarter l'arbitraire, recourir à
la loi générale, et appliquer les règles et formalités qu'elle pourrait contenir relativement
à ces cas ou à ces actes (1).

63. Mais les déchéances, les péremptions,
les dispositions pénales quelconques ne peuvent
être étendues d'un cas à un autre ; la peine de
nullité ne peut être suppléée par les juges ;
c'est ce qu'a décidé la cour de cassation (2) ;
c'est ce qui résulte aussi directement de l'article 1030 du Code de procédure, ainsi conçu :

« Aucun exploit ou acte de procédure ne   C. pr., 1030.
» pourra être déclaré nul, si la nullité n'en est
» pas formellement prononcée par la loi. »

Cette règle n'avait pas même besoin d'être
écrite dans le Code, puisqu'il est de principe
en jurisprudence que les lois qui établissent

---

(1) *Traité et Questions de Procédure*, tome II, n° 41.

(2) Arrêt du 6 juillet 1814. — Sirey, 1815, Ire partie,
page 41.

des peines en matière criminelle ou civile, celles dont les dispositions paraissent avoir quelque dureté, s'interprètent de sorte qu'on ne les applique pas au-delà de leurs dispositions à des conséquences, pour des cas où elles ne s'étendent pas, et qu'au contraire on y donne les tempéramens d'équité et d'humanité qu'elles peuvent souffrir (1).

Ainsi, les nullités prononcées par l'art. 61 et suivans du Code de procédure, applicables aux exploits d'ajournement faits devant les tribunaux inférieurs, ne peuvent l'être aux citations données devant les juges de paix (2); sauf ce que nous avons dit ailleurs (3) du cas où l'acte serait vicié dans sa substance.

---

(1) Voyez Domat, *ubi suprà*, n° 15.

« *Caveant sibi judices ab interpretationibus legum duris.....* » *nequè enim pejor est tortura quàm tortura legum.* » Bacon, de Officio judicis.

(2) M. Biret n'est pas de cet avis, dans son *Recueil des Attributions des juges de paix.* Nous croyons que cet auteur, très-estimable d'ailleurs, s'est trompé en cette occasion. Nous renvoyons, au reste, ceux que nos raisons n'ont pas su convaincre, à la discussion approfondie dans laquelle est entré à cet égard M. Toullier, dans son *Cours de Droit civil*, un des plus beaux monumens de notre jurisprudence. Voyez t. VII, n° 480 et suivans.

(3) Voyez ci-dessus, n° 32.

Ainsi, la péremption d'instance qui est réglée par l'article 397 et suivans du même Code, et qui peut être opposée devant les tribunaux ordinaires, ne peut l'être de la même manière en justice de paix (1).

Ainsi encore on ne peut appliquer en justice de paix l'article 156 du Code de procédure sur les défauts et oppositions, comme nous l'avons dit ci-dessus (2).

---

(1) La péremption en justice de paix n'a lieu que dans le cas où un jugement interlocutoire ayant été ordonné, la cause ne serait pas jugée définitivement dans le délai de quatre mois du jour de ce jugement. Voyez *Code de procédure*, 15. Voyez ci-après les n°s 78 et 79.

L'article 7, titre VII, de la loi du 18—26 octobre 1790, qui portait : « Les parties seront tenues de mettre leur cause en » état d'être jugée dans le délai de quatre mois, à partir du » jour de la notification de la citation, après lequel l'instance » sera périmée de droit, et l'action éteinte », a été abrogé par l'article 1041 du *Code de procédure*.

(2) Voyez le n° 47.

TITRE III.

DES JUGEMENS ET DES MANIÈRES DE SE POURVOIR
CONTRE LES JUGEMENS.

CHAPITRE PREMIER.

Des Jugemens.

SECTION PREMIÈRE.

Des Jugemens définitifs.

C. pr., 13 ; loi du 18-26 octob. 1790, tit. 3, article 7. 64. Toutes les fois qu'il ne sera pas nécessaire, pour l'entier éclaircissement de la cause, soit d'accorder à une des parties un délai pour présenter des pièces dont elle ne se trouverait pas saisie, soit d'ordonner une enquête ou toute autre voie d'instruction, la cause sera jugée définitivement sur le champ ou à la première audience (1).

______

(1) Nous avons parlé ailleurs des exceptions qui peuvent retarder le jugement de la cause : ici nous supposons qu'elles

Le juge, s'il le croit nécessaire, se fera remettre les pièces.

65. Il est défendu au juge de rendre aucun jugement sur des actes non enregistrés, à peine d'être personnellement responsable des droits.

Toutes les fois qu'une condamnation sera rendue sur un acte enregistré, le jugement en fera mention, et énoncera le montant du droit payé, la date du paiement et le nom du bureau où il aura été acquitté.

66. En statuant sur la contestation, le juge de paix accordera, s'il y a lieu, à la partie, un délai modéré pour le paiement de la dette, ou la division de cette dette en plusieurs paiemens successifs; ce droit résulte pour lui de l'article 1244 du Code civil, qui en règle en même tems l'exercice; cet article est ainsi conçu :

« Le débiteur ne peut point forcer le créan-
» cier à recevoir en partie le paiement d'une
» dette même divisible.

» Les juges peuvent néanmoins, en consi-

____

n'ont pas été proposées, ou qu'ayant déjà été jugées, l'affaire reparaît sans entraves au tribunal de paix.

» dération de la position du débiteur, et en
» usant de ce pouvoir avec une grande réserve,
» accorder des délais modérés pour le paie-
» ment, et surseoir l'exécution des poursuites,
» toutes choses demeurant en état. »

C. civ., 1188 ; C. pr., 124, 125.

Celui-là paie moins qui paie plus tard, dit Ulpien (1). Cette parole du jurisconsulte romain doit assez faire sentir qu'une grande indulgence serait ici une grande injustice. Sur ce point, comme sur beaucoup d'autres, la loi doit compter sur la sagacité et sur la prudence du juge ; mais le débiteur ne pourra obtenir un délai, ni jouir du délai qui lui aura été accordé, si les sûretés du créancier sont compromises, soit par le fait de son débiteur, soit par les poursuites d'autres créanciers, soit enfin par toute autre cause.

De plus, il fut entendu au conseil d'état, lors de la discussion du Code, que le créancier pourrait empêcher qu'on n'accordât des délais à son débiteur par une stipulation contraire insérée dans l'obligation (2).

---

(1) L. 12, Dig., *de verb. signific.*

(2) Voyez M. Malleville, sur l'article 1244 du *Code civil*, et M. Toullier, *Droit civil français*, 2ᵉ édition, t. VI, n° 658.

67. Tout jugement qui condamnera en des C. pr., 128 et 41. dommages et intérêts en contiendra la liquidation.

68. Le juge de paix peut-il prononcer la contrainte par corps ?

Il ne le peut à l'égard des matières personnelles et mobilières, puisqu'il ne connaît de ces matières que jusqu'à 100 francs, et que la contrainte par corps ne peut être prononcée pour une somme moindre de 300 francs. C. civ., 2065.

A l'égard des objets déterminés soumis à sa juridiction, un seul excepté, ils ne se trouvent pas compris dans la nomenclature que fait l'article 2060 du Code civil des cas dans lesquels cette contrainte peut avoir lieu. C. civ., 2060, 2063.

D'un autre côté, l'article 126 du Code de procédure, qui permet aux juges de prononcer la contrainte par corps dans les cas qu'il spécifie, se trouve au livre *des tribunaux d'arrondissement*, et n'a point été déclaré par une disposition expresse applicable en justice de paix. C. pr., 126.

C'est donc dans le seul cas de réintégrande que le juge de paix peut ordonner cette voie d'exécution, comme nous le verrons ci-après (1).

______

(1) N° 168.

Ordonnance de 1667, tit. 31, art. 1.

69. Toute partie qui succombera sera condamnée aux dépens.

C. pr., 130, 131.

Pourront néanmoins les dépens être compensés en tout ou en partie, entre conjoints, ascendans, descendans, frères et sœurs ou alliés au même degré ; les juges pourront aussi compenser les dépens en tout ou en partie, si les parties succombent respectivement sur quelques chefs.

Loi du 18-26 octob. 1790, tit. 9, art. 4 ; C. pr., 543.

La partie à laquelle les dépens sont adjugés est tenue, lorsqu'elle requerra la délivrance du jugement, de remettre au greffier les originaux de notification des différentes citations qu'elle aura fait faire, tant à la partie qu'aux témoins et aux gens de l'art ; et l'expédition du jugement exprimera le résultat de la taxe des dépens qui seront liquidés par le juge, y compris le coût de la délivrance et de la signification du jugement.

C. pr., 17, 517.

70. Les jugemens des justices de paix, jusqu'à concurrence de 300 fr., seront exécutoires par provision, nonobstant l'appel, et sans qu'il soit besoin de fournir caution ; les juges de paix pourront, dans les autres cas, ordonner l'exécution provisoire de leurs jugemens, mais à la charge de donner caution. Tel est le texte de l'article 17 du Code de procédure.

Ainsi, les jugemens des justices de paix sont exécutoires de droit par provision, nonobstant l'appel, jusqu'à concurrence de 300 fr. ; et, au delà de cette somme, l'exécution provisoire peut être ordonnée par le juge, à la charge par la partie qui l'aura obtenue de donner caution.

Mais l'exécution provisoire, nonobstant l'opposition, ne peut jamais être prononcée en justice de paix. On prétendrait vainement que la deuxième partie de l'article 17, disposant que le juge peut ordonner l'exécution provisoire, ces termes généraux doivent s'entendre de l'exécution, nonobstant l'appel et nonobstant l'opposition : ce serait une véritable subtilité. Il est évident, pour qui veut raisonner, que la deuxième partie de l'article 17 se réfère à la première du même article, et que ces deux dispositions n'en font qu'une et ne traitent que du même objet, c'est à-dire du cas où l'exécution provisoire, nonobstant l'appel, peut avoir lieu.

On n'argumenterait pas avec plus de succès C. pr., 155. du droit commun qui permet aux juges, dans les cas d'urgence, d'ordonner l'exécution pro-

visoire, nonobstant l'opposition. Les dispositions rigoureuses, nous l'avons déjà dit, ne
peuvent s'étendre d'un cas à un autre.

C. pr., 435.   Il faut donc regarder comme constant que
l'opposition en justice de paix, comme dans
les tribunaux de commerce, suspend toujours
l'exécution du jugement.

Tarif, art. 21.   74. Dans les cas où, conformément à l'article 17, il y a lieu de donner caution pour
parvenir à l'exécution provisoire d'un jugement, la partie qui a intérêt cite l'adversaire
devant le juge de paix pour accepter ou contester la caution qu'elle présente à l'audience.

C. civ., 2040,   Si la caution réunit les conditions exigées
2041, 2018, et
2019.   par la loi, le juge la déclare bonne et valable.

Quand la caution est agréée, elle fait immédiatement sa soumission devant le juge de paix,
qui lui en donne acte.

Cette manière de procéder est plus rapide,
et entraîne moins de frais et de formalités que
celle qui est suivie dans les tribunaux civils
d'arrondissement, et c'est sous ce rapport que
nous la croyons préférable.

C. civ., 1351.   72. L'autorité de la chose jugée n'a lieu qu'à
l'égard de ce qui a fait l'objet du jugement. Il

faut que la chose demandée soit la même, que la demande soit fondée sur la même cause, que la demande soit entre les mêmes parties, et formée par elles et contre elles, en la même qualité.

Mais la partie qui veut se prévaloir de la chose jugée doit pouvoir faire ces justifications par le jugement lui-même, dont la rédaction contiendra en conséquence,

Le nom du juge;

C. pr., 141.

Les noms, profession et demeure des parties;

La qualité dans laquelle elles procédaient;

Leurs conclusions (1);

Les points de fait et de droit;

Le dispositif du jugement.

Si le jugement était attaqué en appel (2) pour

___

(1) Les jugemens en dernier ressort des juges de paix peuvent être attaqués par requête civile (voyez ci-après le n° 120), conformément à l'article 480 du Code de procédure :

1°. . . . . . .

2°. . . . . . .

3°. S'il a été prononcé sur choses non demandées;

4°. Sil a été adjugé plus qu'il n'a été demandé;

5°. S'il a été omis de prononcer sur l'un des chefs de demande.

(2) Voyez ci-après le n° 110.

l'omission d'une de ces énonciations, les tribunaux auraient à juger s'il résulte de cette omission que le jugement est incomplet et vicié dans sa substance.

Car la loi n'ayant rien statué à cet égard pour les juges de paix, la nullité ne peut être prononcée qu'autant que l'acte ne renfermerait pas les conditions essentielles à son existence.

73. Les jugemens des juges de paix doivent-ils contenir les motifs qui les ont déterminés ?

Loi du 16-24 août 1790, tit. 5, art. 15.

La loi du 16—24 août 1790, titre 5, art. 15, qui oblige les juges d'exprimer les motifs de leurs jugemens, ne s'applique nommément qu'aux tribunaux de première instance et d'appel ;

Constitution du 22 août 1795, tit. 8, art. 208 ; C. pr., 1041.

et l'article 208 de la constitution de l'an 3, qui veut que tous les jugemens soient motivés, n'a point été adopté dans les mêmes termes généraux par le Code de procédure, et il a dû être compris dans l'abrogation des lois, coutumes et usages, prononcée par l'article 1041.

C. pr., 141 ; loi du 20 avril 1810, art. 7.

D'un autre côté, l'article 141 du même Code, et, depuis, l'article 7 de la loi du 20 avril 1810, qui prescrivent aux tribunaux l'observation de cette formalité, n'ont statué que pour ceux de première instance et les cours royales.

Mais un tel état de législation n'empêche pas

que les jugemens émanés des juges de paix ne
puissent être également annulés pour défaut
de motifs, si cette énonciation est considérée
comme formant une des parties substantielles
et constitutives du jugement, et nous devons
ajouter que la cour de cassation nous paraît lui
avoir reconnu ce caractère (1).

Au reste, un juge de paix éclairé, et se con-
fiant dans la pureté de ses motifs, n'en crain-
dra pas la manifestation publique, et il s'em-
pressera au contraire de remplir une formalité
qui pourra donner force de raison à des décisions qui ont déjà force de loi (2).

74. Les *minutes* de tout jugement sont pór-
tées par le greffier sur la feuille d'audience, et
signées par le juge qui aura tenu l'audience et
par le greffier. Les *expéditions* sont intitulées
et terminées au nom du Roi.

C. pr., 18 et 139.

Charte consti-
tutionnelle, art.
57 ; C. pr., 146,
545.

---

(1) Arrêt du 23 mars 1820. — Sirey, 1820, première partie,
p. 217. — Voyez ci-après le n° 110.

(2) *Nec decreta exeant cùm silentio ; sed judices sententiæ
suæ rationes adducant, idque palàm, atque astante coronâ ;
ut quod ipsâ potestate sit liberum, famâ tamen et existimatione
sit circumscriptum.* BACON, Tractatûs de Justitiâ universali,
aphorismus 58.

75. Les juges de paix ne connaissent point de l'exécution de leurs jugemens, comme il a été dit ci-dessus (1).

C. pr., 148; C. civ., 877.

Cette exécution ne peut avoir lieu que le jugement n'ait été signifié préalablement à la partie contre laquelle elle se poursuit.

SECTION II.

Des Jugemens qui ne sont pas définitifs.

76. Lorsque le juge de paix n'est pas suffisamment éclairé ou convaincu par les dires et les moyens que les parties font valoir à l'audience, il peut employer, avant faire droit, les voies d'instruction que la loi met à sa disposition (2).

Les jugemens par lesquels il ordonne une preuve, une vérification quelconques, sont préparatoires ou interlocutoires.

C. pr., 452.

77. Sont réputés préparatoires les jugemens

---

(1) N° 27, 5°.

(2) Ainsi le juge peut ordonner la visite du lieu contentieux; *C. pr.*, 41. — Une enquête; *C. pr.*, 34. — La comparution des parties en personne; *C. pr.*, 120, 121. — Il peut avoir recours à l'interrogatoire sur faits et articles; *C. pr.*, 324. — Ou au serment; *C. civ.*, 1366, 1367.

rendus pour l'instruction de la cause, et qui tendent à mettre le procès en état de recevoir jugement définitif ;

Sont réputés interlocutoires les jugemens rendus lorsque le tribunal ordonne, avant dire droit, une preuve, une vérification ou une instruction qui préjuge le fond.

78. Dans le cas où un interlocutoire aurait été ordonné, la cause sera jugée définitivement au plus tard dans le délai de quatre mois du jour du jugement interlocutoire : après ce délai, l'instance sera périmée de droit ; le jugement qui serait rendu sur le fond sera sujet à l'appel, même dans les matières dont le juge de paix connaît en dernier ressort, et sera annulé sur la réquisition de la partie intéressée. *C. pr., 15 et 454.*

Si l'instance est périmée par la faute du juge, il sera passible des dommages et intérêts. *C. pr., 15 et 5 et 5—30.*

79. La péremption d'instance prononcée par l'article 15 n'a donc lieu, en justice de paix, que dans les cas où un interlocutoire aurait été ordonné, comme nous l'avons dit ailleurs (1).

Elle court contre l'état, les établissemns pu- *C. pr., 398.*

---

(1) N° 63.

blics, et toutes personnes, même mineures, sauf leur recours contre les administrateurs et tuteurs.

C. pr., 401 et 15.

80. La péremption n'éteint pas l'action ; elle emporte seulement extinction de la procédure, sans qu'on puisse, dans aucun cas, opposer aucun des actes de la procédure éteinte, ni s'en prévaloir.

En cas de péremption, le demandeur en faute supporte tous les frais de la procédure périmée.

C. pr., 28.

81. Les jugemens qui ne seront pas définitifs ne seront point expédiés quand ils auront été rendus contradictoirement, et prononcés en présence des parties (1).

La prononciation en vaudra signification.

Et dans le cas où le jugement ordonnerait une opération à laquelle les parties devraient

---

(1) Pour éviter toute difficulté, il convient que la présence des parties soit mentionnée dans le jugement.

Il y a un cas où le jugement interlocutoire, quoique rendu contradictoirement et prononcé en présence des parties, est cependant expédié : c'est celui où la partie veut appeler de ce jugement, avant que le jugement définitif ait été rendu. *C. pr.*, 31.

assister, il indiquera le lieu, le jour et l'heure, et la prononciation vaudra citation.

82. Mais si le jugement a été rendu par défaut, ou si l'une des parties, après s'être défendue contradictoirement, n'a pas été présente à la prononciation du jugement, celle qui l'aura obtenu se le fera délivrer, et le notifiera à l'autre partie, avec sommation d'être présente à l'opération ordonnée.

Nous allons traiter dans deux paragraphes des enquêtes et des visites de lieux et appréciations.

§. 1er. — Des Enquêtes.

83. Si les parties sont contraires en faits de nature à être constatés par témoins, et dont le juge de paix trouve la vérification *utile* et *admissible*, il ordonnera la preuve, et en fixera précisément l'objet (1).

---

(1) Il faut que la preuve tesmoniale soit *utile*. Ainsi le juge de paix ne doit permettre de prouver que des faits pertinens, et tels que, si l'on en rapporte la preuve, ils influeront sur le jugement de la cause.

Il faut que la preuve soit *admissible*. Les articles 1341 à 1348 du Code civil, et 24 et 38 du Code de procédure, déterminent les cas où elle peut avoir lieu.

C. pr., 254.

Il n'est pas même nécessaire que les parties soient *contraires* en faits , pour qu'il y ait lieu à enquête. Si le juge de paix les trouve concluans , il peut ordonner , mêm e d'office, et dans le silence des parties, cette voie d'instruction, quand il la croit propre à lui donner les éclaircissemens dont il a encore besoin. Le but qu'il se propose est la justice ; il recherchera donc , par tous les moyens , la vérité qui doit l'y conduire (1).

C. pr., 1035 ; 255.

84. Si les témoins sont trop éloignés , le juge pourra commettre un autre juge de paix pour procéder à l'opération ordonnée.

C. pr., 38 ; Tarif, art. 8.

85. Dans tous les cas où la vue du lieu peut être utile pour l'intelligence des dépositions, et spécialement dans les actions pour déplacement de bornes, usurpations de terres, arbres, haies, fossés ou autres clôtures, et pour entreprises sur les cours d'eau, le juge de paix se transportera, s'il le croit nécessaire , sur le lieu , et ordonnera que les témoins y seront entendus.

---

(1) Voyez M. Carré , *Traité et Questions de procédure*, t. I , n° 170.

Toutes les fois que le juge de paix se transportera sur le lieu contentieux pour entendre les témoins, il sera accompagné du greffier, qui apportera la minute du jugement. C. pr., 30; loi du 18-26 octob. 1790, tit. 6, article 6.

86. Dans le silence de la loi, et pour remplir, sans avoir recours à l'arbitraire, la lacune qui existe au titre des enquêtes, nous croyons, d'après les motifs exposés ci-dessus (1), qu'on doit suivre, autant qu'elles peuvent être praticables devant les tribunaux de paix, les dispositions du droit commun relatives,

1°. Au droit qu'a la partie adverse de faire contre-enquête (2) ; C. pr., 256.

2°. A la défense d'assigner en témoignage des parens ou alliés en ligne directe de l'une des parties ou son conjoint, même divorcé (3); C. pr., 268.

---

(1) N° 62.

(2) « Il serait en effet contraire à la justice, dit M. Carré,
» qu'une partie contre laquelle on permet la preuve testimo-
» niale d'un fait n'eût pas le droit de faire également la preuve
» par témoins du contraire.

» Si donc les deux parties veulent faire entendre des té-
» moins, le juge de paix doit, aux termes de l'article 29, dé-
» livrer une cédule à chacune d'elles. » *Traité et Questions de procédure*, t. I, n° 171.

(3) *Parentes et liberi invicem adversùs se nec volentes admittendi sunt.* **L. VI**, *Cod. de testibus.* « Quand même, dit

C. pr., 181.

3°. Au nombre des témoins dont la déposition peut passer en taxe ;

C. pr., 279, 409.

4°. A la prorogation de l'enquête (1) ;

C. pr., 265, 266, 412.

5°. Aux témoins légitimement empêchés de comparaître, et qui produisent des excuses suffisantes, et au mode de recevoir leurs dépositions (2) ;

C. pr., 263, 264, 265.

6°. Enfin, aux condamnations qui peuvent être prononcées contre les témoins défaillans qui n'auront pas produit d'excuse légitime (3).

» Domat, le père voudrait bien porter témoignage contre son
» fils, ou le fils contre son père, ils n'y seraient pas reçus ;
» car cette affectation les rendrait suspects ou de vouloir fa-
» voriser ou de vouloir nuire. » *Lois civiles*, liv. III, tit. 6,
sect. 3ᵉ, nº 7.

Il en est de même des époux entre eux.

(1) Une partie peut demander une prorogation ou un nouveau délai d'enquête, si elle n'a pu faire appeler tous ses témoins, s'ils ne paraissent pas, ou si enfin elle en a de nouveaux à produire.

(2) Si le témoin est éloigné, c'est le cas de désigner un juge de paix voisin pour l'entendre. Voyez ci-dessus le nº 84.

(3) Nous avons dit ailleurs que les dispositions pénales ne s'étendaient pas d'un cas à un autre ; mais nous croyons qu'il doit y avoir exception en cette circonstance. La loi donne aux juges la faculté d'entendre des témoins ; il faut donc qu'ils puissent contraindre ces témoins de comparaître devant eux. Toutes lois s'étendent à tout ce qui est essentiel à leur intention. *Cui jurisdictio data est, ea quoquè concessa esse videntur,*

87. Le juge délivrera à la partie requérante cédule de citation pour appeler les témoins.

La cédule fera mention de la date du jugement, du lieu, du jour et de l'heure où les témoins seront entendus. *C. pr., 28 et 29; Tarif, art. 27.*

Ainsi, le jugement n'est point signifié aux témoins, auxquels on donne seulement copie de la cédule, avec citation au jour fixé par elle (1).

Au reste, il faut appliquer ici, relativement au délai qui doit être accordé aux témoins pour comparaître, ce que nous avons dit ci-dessus n° 39. *C. pr., 5 et 260.*

88. Au jour indiqué, les témoins, après avoir dit leurs noms, profession, âge et demeure, feront le serment de dire vérité, et déclareront s'ils sont parens ou alliés des parties, et à quel degré, et s'ils sont leurs serviteurs ou domestiques. *C. pr., 35, 36, 39 et 40.*

Ils seront entendus séparément, en présence des parties, si elles comparaissent.

---

sine quibus jurisdictio explicari non potuit. Liv. II , Dig., §. 5 , *de aquâ et aquâ pluviæ arcendâ.*

(1) Cela n'est pas de rigueur. Nous ne croyons pas que le juge de paix puisse se refuser à entendre des témoins que la partie aurait amenés volontairement et sans les faire citer.

C. pr., 36, 270, 39 et 40.

89. Celles-ci seront tenues de fournir leurs reproches avant la déposition, et de les signer; si elles ne le savent ou ne le peuvent, il en sera fait mention. Les reproches ne pourront être reçus après la déposition commencée, qu'autant qu'ils seront justifiés par écrit (1).

Ils seront circonstanciés et pertinens, et non en termes vagues et généraux.

La partie intéressée peut répondre aux reproches, et en démontrer l'insuffisance ou la fausseté.

90. La loi n'articule pas les motifs pour lesquels les témoins peuvent être reprochés en justice de paix. Elle n'exprime pas non plus

---

(1) En effet, comment croire à la réalité des reproches et à la bonne foi de la partie qui, les ayant dissimulés avant la déposition, ne les produirait que parce que cette déposition lui deviendrait défavorable. Il en est autrement si les reproches sont justifiés par écrit.

« Dans ce cas, dit M. Pigeau, on ne peut présumer que ce-
» lui qui les propose les calque sur les dépositions des té-
» moins; on doit croire qu'il ne les a pas découverts plus tôt,
» parce qu'il avait intérêt de les proposer à l'instant. Il ne
» doit pas être victime de son ignorance d'un fait qui peut
» échapper souvent à toutes recherches, et dont l'on ne doit
» quelquefois la découverte qu'au hasard. » *Procédure civile*, t. I, p. 280.

si les témoins reprochés doivent être entendus ou non. Tout est laissé, en cette matière, à l'arbitrage du juge, qui n'aura pas à craindre, quelle que soit sa manière de procéder, qu'on s'en fasse un moyen pour attaquer son jugement.

Ainsi, le juge de paix peut, s'il le trouve utile, entendre les témoins reprochés, même après avoir vérifié les reproches, et les avoir reconnus graves et fondés. La loi, sur ce point, s'en rapporte à sa prudence. Mais les avantages que peut présenter cette manière de procéder ne doivent pas lui faire perdre de vue les inconvéniens qui en résultent presque nécessairement. En effet, le juge, en recevant la déposition d'un témoin reproché, se garantirait difficilement de l'impression qu'elle aurait une fois faite sur son esprit, et la faculté du reproche deviendrait souvent à peu près inutile. Cette considération est d'un grand poids dans notre opinion ; et il nous paraîtrait plus convenable encore ici de se conformer au droit commun, qui défend aux juges, dans le cas où ils auraient admis les reproches, de prendre connaissance de la déposition du témoin.

Quant aux motifs de reproche, ce sont, en général, toutes circonstances qui ont pu déterminer la déposition ou agir sur elle, ou la rendre moins recommandable ou moins sûre. L'article 283 du Code de procédure peut servir d'exemple. Mais le juge peut admettre d'autres motifs de reproche que ceux spécifiés dans cet article, qui n'a pas été déclaré applicable aux tribunaux de paix, et qui d'ailleurs n'est pas limitatif (1).

94. Il ne faut pas confondre les reproches avec l'exclusion même du droit de témoignage. Le juge de paix peut admettre ou rejeter les reproches : dans le silence de la partie, il ne les supplée pas d'office ; il peut entendre les témoins reprochés. Mais ceux exclus du droit de témoignage, les parens ou alliés en ligne directe de l'une des parties ou son conjoint (2), les morts civilement, ceux qui auraient subi des condamnations, conformément aux articles 28 et 42 du Code pénal, ne sont jamais admis à déposer en justice que pour y faire de simples déclarations et y donner de simples renseignemens.

C. pr., 268 ; C. civ., 25 ; C. pén., 28 et 42.

---

(1) Arrêt de la cour de cassation du 5 juillet 1820. — Sirey, 1821, Ire partie, p. 107. — M. Toullier, *Droit civil français*, t. IX, n° 291.

(2) Voyez ci-dessus le n° 86, 2°.

92. Les parties n'interrompront point les té- C. pr., 37.
moins : après la déposition, le juge pourra, sur
la réquisition des parties, et même d'office, faire
aux témoins les interpellations convenables.

Si le témoin requiert taxe, elle sera faite par
le juge sur la copie de l'assignation, et elle vau- C. pr., 277 ;
dra exécutoire. Tarif, art. 24.

93. Il est procédé à l'opération, tant en l'absence qu'en la présence des parties. Dans le C. pr., 28.
cas de l'absence des parties ou de l'une d'elles,
le jugement que rend le juge de paix sur le fond
n'en est pas moins contradictoire, si les parties
avaient déjà comparu devant lui.

94. Si les témoins ne peuvent être entendus
le même jour, le juge remettra à jour et heure C. pr., 267.
certains ; et il ne sera donné nouvelle citation ni
aux témoins, ni à la partie, encore qu'elle n'ait
pas comparu.

95. Dans les causes sujettes à l'appel, le gref- C. pr., 39.
fier dressera procès-verbal de l'audition des témoins. Cette formalité nous paraît substantielle,
parce que, privés de ce procès-verbal, les tribunaux d'appel n'ont plus de base pour asseoir
leur décision, ni de moyens pour reconnaître

si le jugement du juge de paix est bien ou mal fondé. Il est donc à croire qu'ils annuleraient un jugement qui pécherait par cette omission, et ordonneraient qu'avant faire droit il serait procédé à une enquête nouvelle.

C. pr., 39.   Ce procès-verbal doit contenir les noms, âge, profession et demeure des témoins, leur serment de dire vérité, leur déclaration s'ils sont parens, alliés, serviteurs ou domestiques des parties, et les reproches qui auraient été fournis contre eux. Lecture du procès-verbal sera faite à chaque témoin pour la partie qui le concerne ; il signera sa déposition, ou mention sera faite qu'il ne sait ou ne peut signer. Ce procès-verbal sera, en outre, signé par le juge et le greffier.

C. pr., 40.   Dans les causes de nature à être jugées en dernier ressort, il ne sera point dressé de procès-verbal ; mais le jugement énoncera les noms, âge, profession et demeure des témoins, leur serment, leur déclaration s'ils sont parens, alliés, serviteurs ou domestiques des parties ; les reproches, et le résultat de *l'ensemble* des dépositions.

96. L'enquête étant terminée, les parties peuvent discuter les dépositions des témoins.

Les moyens principaux qu'elles peuvent employer pour les affaiblir ou les faire rejeter entièrement sont (1) :

1°. Que le témoin est vacillant (2) ;

2°. Contraire en sa déposition ;

3°. Singulier, c'est-à-dire seul qui dépose de tel fait (3) ;

4°. Qu'il ne rend pas raison de sa déposition et science (4) ;

---

(1) Voyez Bornier, conférences sur l'article 1er du titre 23 de l'ordonnance de 1667.

(2) *Testes qui adversùs fidem suam testationis vacillant, audiendi non sunt.* L. II, Dig. *de test.* — Bornier, *ibid.*

(3) *Ut unius omninò testis responsio non audiatur, etiam si præclaræ curiæ honore præfulgeat.* L. IX, Dig. I, Code *de testibus.*

L'ancienne jurisprudence rejetait la déposition d'un témoin singulier. Notre droit actuel n'a pas prononcé la même exclusion. Mais on ne pourrait guère considérer comme véritablement prouvé un fait qui ne serait attesté que par un seul témoin, à moins que des présomptions assez fortes pour équivaloir à la déposition d'un autre témoin ne fortifiassent ce témoignage isolé. Voyez M. Toullier, *Droit français,* t. IX, n° 317, et les auteurs qu'il cite.

(4) Ce n'est point assez que le témoin rende raison de ce qu'il dit, il faut que cette raison s'accorde avec la vraisemblance, et surtout avec la possibilité des faits. Et il faut soigneusement distinguer les faits qu'a vus le témoin des conséquences qu'il en tire ; car il peut avoir bien vu et mal raisonné. Voyez M. Toullier, *ubi suprà,* n° 261.

5°. Qu'il ne dépose que par ouï dire;

6°. Qu'il dépose des choses non pertinentes (1).

C. pr., 13 et 39.

97. Il est procédé immédiatement au jugement, ou au plus tard à la première audience.

§. II. — *Des Visites des lieux et des Appréciations.*

C. pr., 41 et 28; Tarif, art. 8

98. Lorsqu'il s'agira, soit de constater l'état des lieux, soit d'apprécier la valeur des indemnités et dédommagemens demandés, le juge de paix ordonnera que le lieu contentieux sera visité par lui en présence des parties.

C. pr., 30.

Toutes les fois que le juge de paix se transportera sur le lieu contentieux pour en faire la visite, il sera accompagné du greffier, qui apportera la minute du jugément.

C. pr., 42, 302.

99. Si l'objet de la visite ou de l'appréciation exige des connaissances qui soient étrangères au juge, il ordonnera que des gens de l'art feront la visite avec lui et donneront leur avis.

Les objets de l'expertise seront clairement énoncés.

---

(1) Voyez ci-dessus n° 83.

Si, lors du jugement qui ordonne l'expertise, les parties se sont accordées pour nommer les experts, le même jugement leur donnera acte de la nomination. Si les experts ne sont pas convenus par les parties, ils seront immédiatement nommés d'office par le juge. C. pr., 42, 304.

100. Les experts pourront être récusés par les mêmes motifs pour lesquels les témoins peuvent être reprochés (1).

Mais les récusations ne pourront être proposées que contre les experts nommés d'office, à moins que les causes n'en soient survenues depuis la nomination et avant le serment. C. pr., 310, 308.

Le juge statuera sommairement sur la récusation : si elle est rejetée, la partie qui l'aura faite pourra être condamnée en tels dommages et intérêts qu'il appartiendra, même envers l'expert, s'il le requiert ; mais, en ce dernier cas, il ne pourra demeurer expert. Si la récusation est admise, il sera nommé, par le même jugement, un nouvel expert ou de nouveaux experts, à la place de celui ou de ceux récusés. C. pr., 311. C. pr., 314, 313.

(1) Voyez ci-dessus le n° 90.

C. pr., 29 ;
Tarif, art. 7.

101. Quand le jugement ordonne une opération par les gens de l'art, le juge délivre à la partie requérante cédule de citation pour appeler les experts : elle fera mention du lieu, du jour, de l'heure, et contiendra le fait, les motifs, et la disposition du jugement relative à l'opération ordonnée.

C. pr., 317 ;
Tarif, art. 15.

102. Les parties, pendant l'opération, feront les dires et réquisitions qu'elles jugeront convenables.

C. pr., 42, 13
et 15.

Le juge pourra juger sur le lieu même sans désemparer.

C. pr., 323.

Il n'est point astreint à suivre l'avis des experts, si sa conviction s'y oppose.

CHAPITRE II.

*Des manières de se pourvoir contre les jugemens
des juges de paix.*

103. LES jugemens des juges de paix peuvent être attaqués par l'opposition, par l'appel, par la cassation, par la requête civile, par la tierce opposition.

SECTION PREMIÈRE.

De l'Opposition.

104. La partie condamnée par défaut pourra former opposition. *(C. pr., 20.)*

L'objet de l'opposition est de faire rapporter, au tribunal qui l'a rendu, un jugement qu'on soutient irrégulier, injuste ou incompétent.

Elle est formée par exploit signifié à la partie qui aura obtenu le jugement. Cet acte contiendra sommairement les moyens de la partie et assignation au prochain jour d'audience, en observant toutefois les délais prescrits pour les citations : il indiquera les jour et heure de la comparution, et sera notifié, ainsi qu'il est dit ci-dessus titre II, chapitre Iᵉʳ. *(C. pr., 20.)*

105. Mais l'opposition n'est recevable qu'autant qu'elle a lieu *dans les trois jours de la signification* du jugement, faite à la partie par l'huissier du juge de paix ou autre qu'il aura commis (1). *(C. pr., 20.)*

Ainsi, ces trois jours ne sont pas francs; le *(C. pr., 20.)*

---

(1) Voyez ci-dessus le nº 37.

délai expire le troisième jour à partir de celui de la signification qui n'y est pas compris. Toutefois ce délai est augmenté, conformément à la règle générale de l'article 1o33, d'un jour par trois myriamètres de distance du domicile de la partie au lieu où siége le juge de paix.

C. pr., 21.

106. Mais si ce juge sait par lui-même, ou par les représentations qui lui seraient faites à l'audience par les proches, voisins ou amis du défendeur, que celui-ci n'a pu être instruit de la procédure, il pourra, en adjugeant le défaut, fixer pour le délai de l'opposition le tems qui lui paraîtra convenable ; et dans le cas où la prorogation n'aurait été ni accordée d'office ni demandée, le défaillant pourra être relevé de la rigueur du délai et admis à opposition, en justifiant qu'à raison d'absence, de maladie grave *ou autres empêchemens,* il n'a pu être instruit de la procédure.

Nous ajoutons à l'article, *ou autres empêchemens,* parce que nous croyons qu'il n'est que démonstratif. Les termes dans lesquels il est rédigé l'indiquent suffisamment. Tel est aussi le sentiment des auteurs.

Du reste, la justification de l'empêchement

se fait régulièrement dans l'acte même d'opposition.

107. La partie opposante qui se laisserait juger une seconde fois par défaut ne sera plus reçue à former une nouvelle opposition, sauf à employer la voie d'appel s'il y a lieu.

C. pr., 21.

108. L'opposition suspend l'exécution du jugement rendu par défaut, jusqu'à ce qu'il ait été statué définitivement sur cette opposition : c'est la règle générale ; elle était même en vigueur avant le Code et sous l'empire de l'ordonnance de 1667, comme nous l'apprend Jousse en son commentaire (1).

C. pr., 159, 161, 162, 435.

SECTION II.

De l'Appel.

409. L'appel est une réclamation par laquelle on défère un jugement qu'on soutient incompétent, irrégulier ou injuste, à un tribunal supérieur, pour qu'il le réforme et ordonne ce qu'aurait dû ordonner le premier tribunal (2).

----

(1) Voyez Jousse, sur l'article 3, tit. 35, de l'ordonnance de 1667, t. II, p. 658.
(2) M. Pigeau, *Procédure civile*, 2ᵉ édit., t. I, p. 580.

C. pr., 473.

110. Mais il peut arriver qu'un jugement qui pèche par la forme soit cependant bien rendu, que la partie n'ait point de griefs à lui opposer au fond, qu'il soit juste enfin : quels seraient, en ce cas, le but et les avantages d'un appel ? Sans doute, le jugement qui ne contient pas les formalités essentielles peut être déclaré nul ; mais si les juges prennent connaissance de la cause et du fond du droit, conformément à l'article 473 du Code de procédure, tout en infirmant le jugement du juge de paix, quant à la forme, ils ne s'en conformeront pas moins à sa décision, si elle est juste, et l'appel n'aura produit qu'un incident de procédure qui occasionera plus ou moins de frais et signalera plus ou moins l'esprit de chicane de celui qui l'aura intenté.

C. pr., 131.

Lorsque l'appelant réussit sur l'appel, mais succombe sur le fond, c'est le cas de compenser les dépens.

111. Comme nous l'avons expliqué ailleurs (1), on peut appeler des jugemens des juges de paix, lorsqu'ils ont prononcé sur des objets d'une valeur excédant 50 fr., sans dis-

---

(1) N°s 8 et 19.

tinction entre les causes qui leur sont soumises, C. pr., 453.
et quelle que soit la qualification qu'ils aient
donnée à leurs jugemens, car ils ne jugent en
dernier ressort que jusqu'à 5o fr.

112. Lorsqu'il s'agit d'incompétence, l'appel C. pr., 454 et
est également recevable, encore que le juge- 15.
ment soit en dernier ressort.

Mais cette règle doit être modifiée d'après
ce que nous avons dit de la reconvention, dont
l'effet est de donner souvent au demandeur un
juge qui n'aurait pas été le sien (1); et de la
prorogation volontaire, lorsque par un consentement exprès les parties autorisent le juge,
dans les matières qui sont de sa compétence,
à statuer sur leur différend par un jugement
en dernier ressort, encore qu'il ne soit pas
leur juge naturel. En effet, les parties ne
pourraient plus prétendre qu'il est incompétent, lorsqu'il statue dans les termes des pouvoirs qu'on lui a confiés (2).

Nous avons dit aussi précédemment (3) que
la partie qui comparaît devant un juge incom-

---

(1) Voyez ci-dessus le n° 25.
(2) Voyez ci-dessus le n° 43.
(3) N° 51.

pétent, à raison de la personne ou de la situation de l'objet litigieux, doit faire valoir cette incompétence avant toute autre exception (*in limine litis*) ; si elle y manque, elle est censée avoir renoncé à ce moyen, et elle ne peut plus s'en faire un grief pour appeler du jugement.

Loi du 27 ventose an 8, art. 7.

113. L'appel des jugemens de la justice de paix est porté au tribunal civil de l'arrondissement dans lequel elle est située.

C. pr., 404.

Ces appels y sont instruits comme matières sommaires.

C. pr., 16, 443 et suivans.

114. L'appel des jugemens de la justice de paix ne sera pas recevable après les trois mois, à dater du jour de la signification de ces jugemens faite par l'huissier de la justice de paix, ou tel autre, commis par le juge (1). C'est la disposition de l'article 16 du Code de procédure.

C. pr., 443, 455.

Cet article s'applique au cas où le jugement est contradictoire. S'il est par défaut, et qu'il soit susceptible d'opposition, l'appel n'en sera point recevable pendant la durée du délai pour

____

(1) Voyez ci-dessus le n° 37.

l'opposition (1); et la signification ne fera courir le délai d'appel que du jour où l'opposition ne sera plus recevable.

L'acte d'appel contiendra assignation dans les délais de la loi, et sera signifié à personne ou domicile, à peine de nullité. **C. pr., 456 et 72.**

115. Aucun appel d'un jugement non exécutoire par provision ne pourra être interjeté dans la huitaine à dater du jour du jugement; les appels interjetés dans ce délai seront déclarés non recevables, sauf à l'appelant à les réitérer s'il est encore dans le délai. **C. pr., 449 et 17.**

L'exécution des jugemens non exécutoires par provision sera suspendue pendant ladite huitaine. **C. pr., 450.**

116. Il n'y aura lieu à l'appel des jugemens préparatoires qu'après le jugement définitif, et conjointement avec l'appel de ce jugement; mais l'exécution des jugemens préparatoires ne portera aucun préjudice aux droits des parties sur l'appel, sans qu'elles soient obligées de faire à cet égard aucune protestation ni réserve. **C. pr., 31, 451, 452.**

---

(1) C. pr., 455. — Arrêt de la cour de cassation du 7 novembre 1820. — Sirey, 1821, Ire partie, p. 82.

L'appel des jugemens interlocutoires est permis avant que le jugement définitif ait été rendu.

Dans ce cas, il sera donné expédition du jugement interlocutoire.

117. Au reste, les règles contenues au livre III du Code de procédure, titre unique, sont applicables aux tribunaux civils prononçant en appel ou en deuxième ressort sur les jugemens des juges de paix. C'est la raison pour laquelle ce livre était intitulé, dans la première édition, *Des tribunaux d'appel*, et non *des cours royales*, comme dans la nouvelle publiée en vertu de l'ordonnance du Roi. Ce changement de titre provient d'un défaut d'attention (1).

118. L'appel n'est plus recevable, si la partie a acquiescé au jugement d'une manière expresse ou tacite.

Elle a acquiescé tacitement, si elle a fait signifier le jugement sans se réserver la faculté d'en appeler, ou avec sommation d'y satisfaire; si elle l'a exécuté sans réserve; si elle a demandé délai pour exécuter; enfin s'il résulte de son

---

(1) Voyez M. Carré, *Traité et Questions de procédure*, t. II, p. 9.

silence, ou d'un fait quelconque de sa part, qu'elle a entendu consentir au jugement.

Mais s'il y a appel *principal*, la partie peut appeler *incidemment* en tout état de cause, et l'on ne peut lui opposer qu'elle a signifié le jugement sans protestation, et même avec commandement d'y satisfaire, puisque l'acquiescement est indivisible, et n'a jamais lieu que dans l'espérance que toutes les dispositions du jugement seront également exécutées (1).

C. pr., 443.

119. L'appel est suspensif et arrête l'exécution du jugement, s'il n'est pas exécutoire par provision (2).

C. pr., 457 et 17.

SECTION III.

De la Requête civile.

120. Les jugemens *contradictoires*, rendus en *dernier ressort* par les tribunaux de paix, et les jugemens par défaut rendus aussi en dernier ressort, *et qui ne sont plus susceptibles d'opposition*, pourront être rétractés par lesdits

C. pr., 480 ; 490.

---

(1) Voyez un arrêt de la cour de cassation du 10 mai 1820. — Sirey, 1820, Ire partie, p. 438.

(2) Voyez ci-dessus le n° 70.

tribunaux, sur la requête de ceux qui auront été parties ou duement appelés, pour les causes énumérées en l'article 480 du Code de procédure.

121. La proposition que nous venons d'avancer est très-controversée.

Des jurisconsultes d'un mérite distingué n'admettent encore la requête civile que contre les jugemens des tribunaux civils d'arrondissement et ceux des cours royales.

Les termes de l'article 480 du Code de procédure, qui ne parle que des tribunaux de première instance et d'appel, leur paraissent exclure les tribunaux de commerce et les justices de paix. La loi suppose, au titre de la requête civile, que la procédure sera faite par des avoués, et il n'y a point d'avoués en justice de paix ni dans les tribunaux de commerce. Voilà des motifs très-plausibles, mais qui sont combattus par des motifs et des autorités qui sont également d'un grand poids.

D'abord, il n'est pas certain que, par ces mots *tribunaux de première instance*, le législateur n'ait entendu parler que des tribunaux civils d'arrondissement. Cette interprétation est même réprouvée par un arrêt de la cour de cassation, du 24 août 1819 (1). Un des considérans de cet arrêt porte que les tribunaux de commerce sont des tribunaux de première instance. Pourquoi cette décision ne s'appliquerait-elle pas aux justices de paix, dont la juridiction est également d'exception, également de première instance ?

Ne peut-on pas croire, d'ailleurs, que ces mots de l'article 480, *tribunaux de première instance*, ne sont mis que par opposition à ceux-ci, *tribunaux d'appel*, qui se trouvaient dans la première édition du Code, et que le législateur a voulu comprendre tant les tribunaux en premier ressort que ceux en dernier ressort ? Ce qui paraît le démontrer encore, c'est que l'article 480 se trouve sous la rubrique générale du livre III, qui traite des voies extraordinaires pour attaquer les jugemens, sans distinguer entre les tribunaux d'où ils émanent.

Quant à la procédure à suivre dans la requête civile, cet arrêt de cassation que nous venons de citer décide implicitement que, dans les tribunaux où il n'y a point d'avoués, l'action doit s'intenter par assignation, et se poursuivre suivant les formes ordinaires à ces tribunaux.

---

(1) Sirey, 1820, Ire partie, p. 46 et suivantes.

Nous tenons donc à notre proposition, en faveur de laquelle militent d'ailleurs tant de motifs de raison, de justice et d'analogie! et nous renvoyons, pour les développemens, aux articles 480 et suivans du Code de procédure.

SECTION IV.

De la Cassation.

Constitution du 22 frim. an 8, art. 68 ; Charte, art. 59.

122. Il y a, pour toute la France, un tribunal de cassation, qui prononce sur les demandes en cassation contre les jugemens en dernier ressort rendus par les tribunaux.

Loi du 27 ventose an 8, art. 77.

123. Il y a ouverture à cassation contre les jugemens en *dernier ressort* des juges de paix, pour cause d'incompétence ou d'excès de pouvóir.

124. L'incompétence a lieu :

1°. Si le juge de paix connaît d'une affaire administrative, soit que les deux parties la soumettent à sa décision, soit que le renvoi lui en soit demandé (1);

---

(1) Voyez ci-dessus les n°ˢ 41 et 52.

2°. Si, n'étant pas le juge naturel des parties ou de l'une d'elles, il prononce sur leur différend sans qu'il y ait eu prorogation de juridiction (1) ;

3°. Si, n'étant établi que pour un certain genre d'affaires, il sort de cette attribution (2).

125. L'excès de pouvoir a lieu toutes les fois que le juge compétent pour connaître d'une affaire, passe cependant les bornes du pouvoir que la loi lui a donné.

Ainsi le juge excède ses pouvoirs :

1°. Si, n'ayant le droit de juger que jusqu'à une certaine somme, il dépasse les limites de sa compétence sans y être formellement autorisé par les parties (3) ;

2°. Si, borné au premier ressort, il juge souverainement et sans appel, à moins que sa juridiction n'ait été prorogée à cet égard par les parties (4) ;

3°. S'il prononce la contrainte par corps ou l'exécution provisoire hors les cas où la loi lui

---

(1) Voyez ci-dessus les nᵒˢ 25, 51, 41.
(2) Voyez ci-dessus les nᵒˢ 41 et 52.
(3) Voyez ci-dessus les nᵒˢ 13 et 41.
(4) Voyez ci-dessus les nᵒˢ 43 et 111.

a expressément et spécialement accordé ce pouvoir (1);

4°. Si le juge se permet de statuer pour l'avenir, de prononcer par voie de disposition générale et réglémentaire sur les causes qui lui sont soumises (2);

5°. S'il défend l'exécution d'une loi ou d'un jugement, contrarie les mesures prises par le pouvoir exécutif, enfin intime des ordres ou des défenses, soit aux agens du pouvoir administratif, soit à des tribunaux qui ne lui seraient pas subordonnés (3).

Loi du 1er décembre 1790 ; loi du 27 ventose an 8, art. 8.

125 *bis.* Le délai ordinaire pour se pourvoir en cassation est de trois mois, à partir de la signification du jugement à personne ou domicile ; la partie ne sera plus recevable si le délai est écoulé, ou si elle a acquiescé au jugement (4).

---

(1) Voyez ci-dessus les n°ˢ 68 et 70.

(2) Voyez ci-dessus le n° 6—2°.

(3) Voyez M. Henrion de Pensey, *Compétence des juges de paix*, p. 72 et suivantes ; et M. Pigeau, *Procédure civile*, t. Iᵉʳ, p. 668 et suivantes.

(4) Arrêt de la cour de Toulouse du 24 février 1821. — Sirey, 1821, IIᵉ partie, p. 273.

En matière civile, la demande en cassation n'arrête pas l'exécution.

SECTION V.

De la tierce Opposition.

126. Une partie peut former tierce opposition à un jugement qui préjudicie à ses droits,
et lors duquel ni elle , ni ceux qu'elle représente n'ont été appelés.

C. pr. , 474 et
suivans.

TITRE IV.

DES ACTIONS POSSESSOIRES.

C. civ., 712, **127.** La propriété des biens peut s'acquérir
2219.
par prescription.

C. civ., 2229.   Pour pouvoir prescrire et acquérir la propriété d'un immeuble ou d'un droit réel immobilier, il faut une possession continue et
non interrompue, paisible, publique, non équivoque, à titre de propriétaire, et pendant le
tems déterminé par la loi.

La loi présume alors que l'ancien propriétaire a abdiqué son droit, et la propriété est
acquise au possesseur, en vertu du droit primitif d'occupation (1).

128. Le tems nécessaire pour opérer la prescription varie selon les choses qui en sont l'objet.

---

(1) M. Toullier, *Droit civil français*, 2ᵉ édit., t. III, p. 48.

S'agit-il d'un immeuble? celui qui l'a pos- C. civ., 2265, 2266.
sédé avec juste titre et bonne foi, pendant dix ans entre présens et pendant vingt ans entre absens, en a prescrit la propriété.

S'il n'a pas de titre ou s'il n'est pas de bonne C. civ., 2262.
foi, la prescription n'est acquise qu'après trente ans révolus de possession.

S'agit-il d'une servitude continue et appa- C. civ., 690, 691.
rente? la loi exige également trente ans de possession.

129. Mais, si une longue possession rend propriétaire, pour être présumé tel, il suffit d'avoir possédé pendant un an; car la possession, comme elle est définie ci-dessus (1), est l'attribut principal de la propriété.

Ainsi, celui qui a joui pendant un an sans C. civ., 2243; C. pr., 23.
trouble est *possesseur*, et remplace, en cette qualité, celui qui l'était avant lui; car l'ancien possesseur ne peut avoir perdu les droits inhérens à cette qualité, que parce qu'un autre possesseur a pris sa place pendant plus d'un an, tems fixé par la loi pour qu'il le soit devenu (2).

---

(1) N° 127.
(2) *Motifs du Code civil*, t. VII, p. 167.

130. La possession est importante à acquérir, importante à conserver.

1°. Nous venons de dire qu'elle est un moyen d'acquérir la propriété, quand elle a été continuée pendant le tems déterminé par la loi.

C. civ., 549, 550, 2268.

2°. Elle donne droit aux fruits de l'héritage quand ils ont été perçus de bonne foi, lors même que la propriété serait reconnue appartenir à un autre que le possesseur.

3°. Celui qui a possédé pendant un an est présumé propriétaire, sauf et jusqu'à la preuve contraire que doit fournir celui qui se prétend tel.

4°. Si deux parties prétendent à la propriété et fournissent des titres, dans le doute, le possesseur est préféré (1).

5°. Enfin, le possesseur *annal* a le droit de se faire maintenir dans sa possession, lorsqu'il y est troublé, et de s'y faire rétablir quand il en a été dépouillé par violence (2).

Dans le premier cas, l'action qu'il intente se nomme *complainte;* et dans le second, *réintégrande.*

---

(1) *In pari causâ, possessor potior haberi debet.* L. 128. — *Dig. de regulis juris.*

(2) Celui même qui ne peut pas se prévaloir de la possession annale peut intenter la réintégrande. Voyez ci-après le n° 167.

131. La complainte et la réintégrande ont pour objet de faire cesser le trouble, de remettre les choses dans le même état où elles étaient avant qu'il eût lieu, et de faire indemniser celui qui l'a souffert.

Ces actions s'exercent contre l'auteur du trouble et ses héritiers.

Nous allons en parler dans deux chapitres.

CHAPITRE PREMIER.

De la Complainte.

---

132. LA complainte n'est recevable qu'autant qu'elle est formée devant le juge de paix et dans l'année du trouble, par ceux qui, depuis une année au moins, avaient, par eux ou les leurs, à titre non précaire, la possession continue, paisible, publique, non équivoque, d'un héritage ou d'un droit réel (1) s'acquérant par prescription.

C. pr., 23 ; C. civ., 2226 et 691.

---

(1) On possède les droits réels par l'exercice qu'on en fait,

Nous allons donner à ces règles les développemens dont elles ont besoin.

C. civ., 2279, 1741, 529.

133. — 1°. Pour qu'il y ait lieu à complainte, il faut qu'il s'agisse de la possession d'un héritage ou d'un droit réel immobilier.

Car, en fait de meubles, la possession vaut titre. Celui donc qui agirait pour revendiquer des objets mobiliers, exercerait une action de propriété, et non une action possessoire (1).

C. civ., 2226.

134. — 2°. Que cet héritage ou ce droit réel puisse s'acquérir par la prescription.

En effet, la possession annale ne peut être comptée pour quelque chose là où la possession la plus longue n'est comptée pour rien. Les choses imprescriptibles ne peuvent donner lieu qu'aux actions pétitoires, puisqu'à leur

---

quoiqu'on ne possède pas le fonds sur lequel ils sont dus. Ainsi, celui qui a le droit de passer au travers de l'héritage de son voisin, possède cette servitude en passant par cet héritage, qu'il ne possède point.

(1) Voyez M. Carré, *Traité et Questions de procédure*, n° 98.

égard, pour avoir un droit, il faut avoir un titre (1).

135. — 3°. Il faut que la possession soit con- C. civ., 2229.
tinue, paisible, publique, non équivoque.

Car l'action possessoire n'est fondée que sur la présomption de propriété ; et la possession ne fait présumer la propriété que quand elle a tous les caractères, toutes les apparences du droit de propriété lui-même.

La possession est *continue*, quand on en a joui sans intervalle, et sans qu'il y ait eu de suspension même momentanée d'exercice.

Elle est *paisible*, quand elle a été acquise C. civ., 2233.
sans violence, et conservée sans que le précédent possesseur y apporte de contradiction.

La possession est *publique*, lorsqu'elle est

---

(1) M. Henrion de Pensey, *Compétence des juges de paix*, 2ᵉ édition, p. 372.

Ainsi le propriétaire d'un lac ou d'un étang conserve toujours le terrain que l'eau couvre quand elle est à la hauteur de la décharge de l'étang, encore que le volume de l'eau vienne à diminuer. Ce terrain, lors même qu'il resterait à découvert en tout ou en partie par la diminution de l'eau, ne peut être acquis par prescription, et il ne peut être par conséquent susceptible d'une possession utile. *Code civil*, 558. — Arrêt de la cour de cassation du 23 avril 1811. — Sirey, 1811, Ire partie, p. 312.

telle que les maîtres qui usent de leurs biens ont coutume de l'avoir et de l'exercer. Elle est *publique*, quand le possesseur a joui au vu et au su de tous ceux qui l'ont voulu voir et savoir (1).

Une remarque importante, c'est que les vices de violence et de clandestinité empêchent bien la complainte contre celui sur qui j'ai usurpé l'héritage de cette manière ou ses successeurs ; mais, si c'est un tiers qui me trouble dans ma possession, il n'est pas recevable à m'opposer ce vice. Ainsi, cette possession peut

---

(1) Les anticipations presque insensibles que les voisins font respectivement sur leurs héritages limitrophes et de même culture, lors du labourage, du sciage des blés ou de la fauchaison, ont-elles un caractère suffisant de publicité ?

En parlant de ces anticipations, M. Pardessus s'exprime ainsi :

« Elles sont très-difficiles à apercevoir, à moins qu'elles » ne soient considérables, et ne doivent point tirer à consé- » quence pour la prescription. La possession que l'on acquiert » à leur faveur ne doit commencer à courir que du jour de la » contradiction ; elle est équivoque, et on peut dire même » presque clandestine, parce qu'il est difficile de bien se rap- » peler, chaque année, jusqu'à quel point précis on a pu » prolonger ses sillons ou faucher l'année précédente : quel- » ques sillons peuvent être usurpés par le voisin sans que le » propriétaire s'en aperçoive. » *Traité des Servitudes*, 4ᵉ édition, n° 126, p. 214.

servir contre lui de fondement à une complainte (1).

Enfin, la possession ne doit point être *équivoque*, c'est-à-dire, qu'il ne doit point exister de doute, soit sur sa qualité, soit sur les effets qu'entend y attribuer celui qui l'exerce (2).

On doit ranger parmi les actes équivoques de possession ceux de pure faculté et de simple tolérance.

C. civ., 2232.

136. Des principes que nous venons de poser, on doit tirer la conséquence que la complainte n'a pas lieu à l'égard des servitudes continues non apparentes, c'est-à-dire non publiques, et discontinues, apparentes ou non apparentes. Mais cette règle reçoit modification, et la complainte peut être admise lorsque le demandeur se présente devant le juge de paix avec un titre d'où il prétend faire résulter sa possession (3). En effet, une telle possession n'est ni équivoque, ni clandestine, ni précaire ; elle est à titre de maître. C'est ce

C. civ., 691.

---

(1) Pothier, *Traité de la procédure civile*, ch. III, art. 1er, §. 3, p. 244.
(2) M. Pardessus, *Traité des Servitudes*, n° 281.
(3) Voyez ci-après le n° 148.

qu'a décidé la cour de cassation par trois arrêts récemment rendus (1).

____

(1) Dans le premier de ces arrêts, la cour a considéré :

« Qu'il est vrai que la possession annale, en matière de ser-
» vitudes discontinues, ne peut former l'objet d'une com-
» plainte, puisque la possession, quelque longue qu'elle fût,
» serait toujours réputée précaire, et ne pourrait établir une
» servitude de ce genre; mais qu'il en est différemment lors-
» que le demandeur en complainte se présente devant le juge
» de paix avec un titre d'où il prétend faire résulter sa pos-
» session, et surtout lorsqu'il soutient que ce titre établit la
» destination du père de famille; qu'alors le juge de paix ne
» peut pas se dispenser d'apprécier ce titre, sous le rapport
» de l'influence qu'il a pu avoir sur la possession que l'on al-
» lègue, afin d'admettre ou de rejeter, d'après cet examen,
» la complainte, et sauf tous les droits au pétitoire. »

L'arrêt est du 2 mars 1820, rapporté par M. Sirey, an 1820,
Iʳᵉ partie, p. 243.

Dans le second, la même cour a considéré également :

« Qu'il résulte de l'article 10–2°, titre 3, de la loi du 16–24
» août 1790, et de l'article 23 du *Code de procédure civile*, que
» le possesseur d'une servitude discontinue, apparente ou non
» apparente, est recevable à intenter devant le juge de paix
» l'action possessoire, pourvu qu'il la forme dans l'année du
» trouble, et qu'il prouve qu'il possède à titre non précaire ;
» que cette preuve ne pouvant être faite que par la repré-
» sentation du titre, le juge doit en prendre connaissance
» sous le rapport de la possession, c'est-à-dire pour juger si
» ce titre a pu autoriser le demandeur à posséder *animo domini*.
» Comme lorsque la possession de trente ans et plus est la seule
» base de la demande en maintenue de la possession d'an et
» jour, le juge doit examiner si le droit réclamé peut s'ac-

137.—**4°. Il faut posséder à titre non pré-** C. civ., 2229; C. pr., 23.
caire. (Voyez le numéro précédent).

» quérir par la possession. Qu'à l'égard du cas où le titre est
» contesté, de même que dans celui où la possession immé-
» moriale est déniée, le juge de paix peut, sous ce rapport,
» renvoyer les parties au pétitoire; mais que de la contesta-
» tion sur le titre, ou de la dénégation de la possession immé-
» moriale, il ne résulte pas que le juge de paix cesse d'être le
» seul juge compétent pour statuer sur l'action possessoire,
» déclarée recevable par la loi, et dont il a été régulièrement
» saisi. » Ce second arrêt est du 17 mai 1820. Sirey, 1820,
Ire partie, p. 275.

Voici le troisième arrêt :

« La cour, vu l'article 23 du *Code de procédure civile*,

» Considérant, en droit, que l'article du *Code de procédure*
» précité, conforme aux lois anciennes, accorde l'action pos-
» sessoire, dans l'année du trouble, à tous ceux qui étaient,
» depuis un an au moins, en possession paisible, à titre non
» précaire, d'un héritage ou d'un droit réel.

» Qu'il suit de là que le juge, saisi d'un action possessoire,
» doit nécessairement vérifier le caractère de la possession al-
» léguée, et, à cet effet, examiner les titres pour déterminer
» la nature de cette possession; que cela surtout est indis-
» pensable lorsqu'il s'agit d'une servitude discontinue dont le
» caractère ne peut être justifié que par des titres ; que si, dans
» l'examen qu'il fait, les titres lui paraissent établir clairement
» que la possession n'est pas précaire, il doit accueillir l'ac-
» tion possessoire; que si, au contraire, il pense que les titres
» ne font pas cesser la présomption de précaire attachée par
» la loi à la jouissance d'une servitude discontinue, soit parce
» qu'ils sont obscurs, soit parce qu'ils sont combattus par des
» moyens qui en rendent l'application douteuse, il doit, en

Mais observons d'abord que cette règle n'est pas absolue. Nous avons dit plus haut que les vices de violence et de clandestinité n'empêchaient la complainte que contre celui sur qui l'héritage avait été usurpé de cette manière, ou ses successeurs ; il en est de même de la possession précaire. Une telle possession ne peut servir de fondement à une complainte contre celui de qui on la tient, mais elle peut être utile contre un tiers (1).

138. Le possesseur à titre précaire est celui qui a la simple détention d'une chose dont il jouit par délégation ou par tolérance, et non à

» exprimant son opinion à cet égard, rejeter l'action pos-
» sessoire; mais que, refuser d'examiner les titres, par cela
» seul qu'ils sont contestés, c'est s'exposer à favoriser l'in-
» justice et violer la loi qui autorise l'action possessoire dans
» l'an du trouble, au profit de quiconque a une possession
» annale, paisible, et non entachée de précaire. » L'arrêt est
du 17 mai 1820. — Sirey, 1820, Ire partie, p. 324.

Nous avons rapporté presque textuellement ces décisions, parce qu'elles donnent une connaissance approfondie de la matière, et prouvent à la fois le principe et l'exception. Au reste, elles sont conformes à l'opinion de Pothier, *Traité de la possession*, n° 90 ; de M. Pardessus, *Traité des servitudes*, n° 324; et de M. Toullier, *Droit civil français*, t. III, n° 716.

(1) Pothier, *Traité de la procédure civile*, chap. 3, art. 1er, §. 3, p. 244.

titre de maître ; et au contraire, le possesseur à titre non précaire est celui qui jouit de la chose avec dessein et intention de la posséder pour soi et comme propriétaire.

Ainsi, celui qui détient un héritage à titre de séquestre, d'antichrèse, ne pourrait former la complainte à raison d'un trouble apporté à une jouissance dont il use au nom d'un autre (1).

Il en est de même du fermier ou locataire. Car il ne faut pas confondre avec l'action possessoire, appelée complainte, le droit qu'a le fermier ou locataire d'agir en son nom personnel contre des tiers qui auraient troublé sa jouissance par des voies de fait, *sans prétendre d'ailleurs aucun droit sur la chose louée.*

Mais la cour de cassation, par arrêt du 8 juillet 1819 (2), a décidé qu'une complainte intentée par un possesseur précaire, tel qu'un fermier, peut être régularisée par l'interven-

C. civ., 1725, 1726, 1727.

---

(1) Celui-là possède encore à titre précaire, qui, après avoir été condamné au pétitoire, par jugement passé en force de chose jugée, a continué de posséder pendant an et jour. Voyez deux arrêts de la cour de cassation, l'un du 12 juin 1809, Sirey, 1814, p. 89 ; l'autre du 17 mars 1819, Sirey, 1820, Ire partie, p. 1.

(2) Sirey, 1820, Ire partie, p. 165.

tion du propriétaire, qui prend fait et cause du
fermier.

C. civ., 597, 6.8.

139. L'usufruitier peut-il intenter la complainte, s'il est troublé dans sa possession usu-
fruitière?

Oui, sans doute, puisqu'il jouit *pro suo*, et à
titre de propriétaire, de son droit d'usufruit qui
est une portion de la propriété (1). Mais il ne
pourrait se prévaloir de sa possession contre
le propriétaire qui prétendrait, par exemple,
que son usufruit serait fini.

C. civ., 1428, 1530, 1549, 1562, 2254.

C'est aussi comme usufruitier et comme ad-
ministrateur responsable que le mari, durant
le mariage, peut exercer seul les actions possessoires des immeubles propres à son épouse.
Mais s'il y a séparation de biens, ou si ses biens
sont paraphernaux, la femme en ayant alors

---

(1) Il en doit être de même de l'usager. Au reste, l'usufruitier et l'usager n'ont pas besoin de justifier d'une possession
personnelle depuis un an, parce que leur possession continue celle du propriétaire; et les jugemens rendus contre eux
au possessoire doivent produire tout leur effet contre lui,
sauf son recours contre l'usufruitier et l'usager. Il est assez
naturel, dans ce cas, de voir en eux les mandataires nés du
propriétaire. Voyez M. Pardessus, *Traité des servitudes*,
n° 333 ; et M. Toullier, *Droit civil français*, 2° édit., t. III,
n° 418.

l'administration et la jouissance, c'est à elle qu'il appartient d'agir avec l'autorisation de son mari ou de justice.

C. civ., 1449, 1536, 1576, 215, 218.

140. Continuons de développer la règle, qu'il faut posséder à titre non précaire, et voyons si le copropriétaire ou communier qui a joui séparément de tout ou partie des biens de la communauté, est recevable à intenter la complainte.

Tandis que l'indivision subsiste, dit M. Toullier (1), on ne peut indiquer aucune partie du fonds qui n'appartienne pas à chacun des copropriétaires. Ils ont *totum in toto, et totum in quâlibet parte.*

L'article 709 du Code civil porte :

« Si l'héritage en faveur duquel la servitude » est établie, appartient à plusieurs par in- » divis, la jouissance de l'un empêche la pres- » cription à l'égard de tous. »

C. civ., 709.

Cet article dérive du principe que dans l'état d'indivision, les copropriétaires sont mandataires les uns des autres. C'est la doctrine de Pothier. En effet, suivant cet auteur, tant que le partage n'a pas eu lieu, ou tant que l'action

---

(1) *Droit civil français*, t. III, n°. 706.

en partage n'est pas éteinte par la prescription de trente ans, les copropriétaires sont censés posséder les uns pour les autres, à la charge de s'en rendre compte respectivement (1).

Si donc le copropriétaire qui jouit séparément représente les autres communiers, il ne possède pas pour lui et en son nom ; il ne possède pas comme maître, mais par tolérance et à titre précaire : et voilà justement la solution de la question ; car le possesseur à titre précaire ne peut intenter la complainte (2).

Et si la loi donne après trente ans la propriété des biens à celui des communiers qui en a joui séparément ; ce n'est pas parce que la propriété, mais parce que l'action en partage est alors prescrite : on présume alors qu'il y a eu un partage dont l'acte s'est perdu (3).

C. civ., 816.

---

(1) *Traité des successions*, chap. IV, art. 1er, §. 1, p. 428 et 429.

(2) Telle est aussi, sur cette question, l'opinion de M. Henrion de Pensey, *Traité de la compétence des juges de paix*, p. 392. Il cite Bourjon, *Droit commun de la France*.

« Celui qui jouit du bien à partager, et à qui l'on demande » partage, dit M. Ollivier de Saint-Vast, ne peut opposer la » possession annale ; il est tenu d'instruire sur le pétitoire. » *Commentaire sur la coutume du Maine*, t. IV, p. 133.

(3) Pothier, *ubi suprà*. — M. Delvincourt, sur l'article 816 du *Code civil*, note 7.

Au reste, si l'un des cohéritiers a transféré la propriété à un tiers, il n'est pas douteux que ce dernier ne puisse intenter la complainte, et s'il a titre et bonne foi, prescrire la chose par dix ou vingt ans. Dans ce dernier cas, c'est la propriété de la chose qui est prescrite et non point l'action en partage qui subsiste toujours, sauf l'action en indemnité que peuvent exercer les autres cohéritiers contre celui qui a aliéné la chose prescrite (1).

141. On est toujours présumé posséder pour soi et à titre de propriétaire, s'il n'est prouvé qu'on a commencé à posséder pour un autre ; et quand on a commencé à posséder pour autrui, on est toujours présumé posséder au même titre s'il n'y a preuve du contraire. Telle est la règle posée par les articles 2230, 2231 du Code civil.

C. civ., 2230, 2231.

142. — 5°. Il faut que la possession ait lieu depuis un an (2).

C. civ., 2260, 2261 ; C. pr., 23.

---

(1) Voyez M. Delvincourt, *ubi suprà*.

(2) Celui qui ne possède que depuis quelques mois ou quelques jours peut compléter l'année de sa possession, en joignant la sienne à celle de son auteur, de quelque manière qu'il lui ait succédé, soit à titre universel ou particulier, soit à titre lucratif ou onéreux. *Code civil*, 2235 ; *Code de procédure*, 23.

C. pr., 23 ; C. civ., 2243.

Ainsi, entre deux possesseurs qui n'ont pas la possession annale, aucun d'eux ne peut intenter la complainte pour trouble apporté à une possession que la loi méconnaît ; car elle n'a attaché de présomption de propriété qu'à la possession d'une année (1).

D'ailleurs les termes de la loi sont formels.

Mais, si l'un des deux éprouve les voies de fait de l'autre, il peut poursuivre en réintégrande, s'il y a eu dépossession (2) ; et dans tous les cas, par la voie criminelle (3) ou celle du pétitoire (4).

C. pr., 23.

143. — 6°. Enfin, la complainte doit être formée dans l'année du trouble.

---

(1) Voyez ci-dessus les n°s 129 et 130.

Si deux possesseurs d'un même fonds ne paraissant avoir ni l'un ni l'autre, d'après l'enquête, une possession annale, réclament tous deux la maintenue possessoire, le juge ne doit point se déterminer par la priorité de la possession, comme s'il s'agissait d'un meuble ; mais si les parties produisent des titres, il doit les consulter et les apprécier pour statuer sur la possession. — Arrêt de la cour de cassation du 16 janvier 1821. Sirey, 1821, Ire partie, p. 142. — Voyez ci-après les n°s 151 et 152 ; et ci-dessus le n° 136.

(2) Voyez ci-après les n°s 165 et 167.

(3) Voyez ci-après le n° 164.

(4) Voyez ci-après le n° 146.

Car, s'il s'était écoulé plus d'une année depuis ce trouble, la complainte appartiendrait à celui qui l'aurait causé, en supposant que ce dernier eût lui-même possédé sans obstacle (1).

144. Le délai court contre les mineurs, les absens, les interdits; il court contre le propriétaire, lors même que le trouble aurait eu lieu envers son fermier qui ne l'en aurait point averti (2). Et en général le délai court du jour du trouble arrivé, et non du jour qu'il est venu à connaissance (3).

145. Quiconque réunit en sa faveur les conditions que nous venons d'énumérer, peut user de la complainte et se faire maintenir dans sa possession, sans qu'il y ait lieu d'examiner si elle est juste ou injuste. Il ne s'agit dans cette action que du fait et non du droit; et le possesseur n'a besoin d'alléguer, pour justifier sa

C. civ., 1769.

---

(1) Voyez ci-dessus les n°s 129 et 135. — Voyez ci-après le n° 145, à la note.

(2) Arrêt de la cour de cassation du 12 octobre 1814. — Denevers, 1815, Ire partie, p. 39.

(3) Olliver de Saint-Vast. — Commentaire sur l'article 441 de la *Coutume du Maine*.

possession, que cette possession elle-même : je possède, parce que je possède (1).

146. Dans tous les cas où la complainte n'est pas recevable, celui qui se prétend propriétaire d'un héritage, ou d'un droit réel sur cet héritage, peut faire valoir ses droits devant le tribunal civil d'arrondissement, et réclamer,

---

(1) De bons esprits ont pensé qu'une telle législation présentait à la fois un appât et des armes à la fraude.

« Le point de droit, a-t-on dit, le mieux connu des habi-
» tans des campagnes, c'est la possession annale. Tous savent
» que s'ils peuvent surprendre la vigilance d'un voisin, pro-
» fiter de l'absence d'un négociant voyageur, d'un fonction-
» naire public, ou d'un militaire, pour occuper son terrain,
» ils auront, après l'an et jour, gain de cause devant le juge
» de paix. Il leur suffit pour cela d'avoir étendu leur labou-
» rage, d'avoir fait dévier un chemin, d'avoir donné quelques
» coups de pioche, coupé quelques broussailles ou d'autres
» matières, sur le terrain qu'ils convoitent...........» Voyez le
Projet du Code rural, t. III, p. 379.

On a en conséquence proposé de n'admettre la complainte qu'après cinq ans de possession paisible, publique, non précaire.

Il est bien vrai que le délai d'un an est trop court pour garantir les propriétaires contre leur absence ou la négligence de leurs agens. Avec des titres, ils pourraient se pourvoir par revendication au pétitoire; mais ils en manquent pour la plupart, et ceux qui en ont n'y trouvent pas toujours les débornemens fixés avec exactitude et précision. Reste le moyen tiré de ce qu'on a possédé le droit ou l'héritage de mas'il y a lieu, sa propriété ou des dommages et intérêts résultant pour lui des entreprises ou usurpations commises sur elle, pourvu que cette action ne soit pas à son tour éteinte par la prescription.

De plus, celui qui serait recevable à intenter la complainte devant le juge de paix, peut, s'il le préfère, diriger l'action au pétitoire devant le tribunal civil d'arrondissement, même dans l'année du trouble, et, sans se prévaloir de la possession, engager de suite la contestation sur la propriété. C'est ce qui résulte des articles 25 et 26 du Code de procédure, et d'un arrêt de la cour de cassation du 31 août 1807 (1). c. pr., 25 et 26.

147. Il n'y a point ouverture de complainte que celui qui possède ne soit troublé.

Il y a trouble, lorsqu'on empêche quelqu'un par voies de fait de jouir de son héritage et d'en percevoir les fruits; par exemple, si l'on

---

nière à l'acquérir par prescription; mais ce moyen lui-même est souvent inutile par les difficultés que doit présenter la preuve d'une longue possession. Toutes ces causes, dans l'état de division à l'infini où se trouvent les propriétés, concourent à rendre les usurpation fréquentes.

(1) *Répertoire*, au mot *Complainte.*

a enlevé des fruits, coupé des taillis, émondé des chênes; si l'on a planté des arbres ou semé pour acquérir la possession; s'il y a eu déplacement de bornes, usurpation de terres, arbres, haies, fossés et autres clôtures, entreprises sur les cours d'eau.....

Il y a trouble, si l'on dénie notre possession, si l'on conteste notre droit par une demande ou une opposition (1).

Enfin, il y a trouble, s'il y a empêchement, nouvelleté ou innovation (2).

148. En ce qui concerne les servitudes, le possesseur annal d'un héritage peut être troublé par les services qu'un voisin réclame sur cet héritage; à son tour, celui qui jouit d'une servitude peut prendre pour trouble apporté à sa

C. pr,, 3; loi du 16-24 août 1790, titre 3, art. 10.

---

(1) La voie de la complainte est ouverte en général pour raison de toute espèce de trouble de fait ou de droit. Cependant on ne regarde pas comme trouble en cette matière la demande formée au pétitoire; pareille demande ne donne pas lieu à la complainte. V. Dénisart, au mot *Complainte*, section 3, et l'article 25 du *Code de procédure.*

On ne peut de même agir en complainte contre celui qui se met en possession d'un fonds en vertu d'un jugement. M. Merlin, *Questions de droit*, au mot *Complainte.*

(2) Ollivier de Saint-Vast, *Commentaire sur la coutume du Maine*, t. IV, p. 138.

possession tous travaux, entreprises ou changemens qui tendraient, soit à empêcher l'exercice de la servitude, soit à le rendre moins commode, soit à suspendre ou diminuer cet exercice d'une manière préjudiciable. L'un et l'autre peuvent intenter la complainte suivant les règles que nous avons tracées aux numéros précédens. Nous ajouterons une seule observation : c'est que le possesseur annal d'une servitude *discontinue*, ou non *apparente*, peut, en cas de trouble, intenter la complainte, lors même qu'il n'aurait pas de titre, si une disposition spéciale de la loi a établi la servitude en sa faveur ; car alors il n'est plus possesseur précaire : son titre est dans une telle disposition (1).

Ceci peut recevoir une application fréquente, particulièrement dans les contestations qui concernent les cours d'eau.

C. civ., 640, 641, 642, 643, 644.

149. C'est ici le lieu de parler de la dénonciation de nouvel œuvre, rangée par le droit romain dans la classe des *interdits*, qui n'étaient autre chose que nos actions possessoires.

On appelait dénonciation de nouvel œuvre

---

(1). Arrêt de la cour de cassation du 1er mars 1815. — Sirey, 1815, 1re partie, p. 120. Voyez ci-dessus le n° 136.

un acte par lequel une partie se déclarait opposante à des constructions ou ouvrages qu'elle
prétendait attentatoires à sa possession ou à
ses droits. La forme et les effets de cet acte
étaient réglés par le droit romain, dont il est
inutile de rappeler les dispositions, aujourd'hui
qu'elles sont comprises dans l'abrogation des
lois, coutumes, usages et règlemens relatifs à
la procédure, prononcée par l'article 1041 de
notre Code judiciaire.

C. pr., 1041.

Ce qui demeure constant, c'est qu'un possesseur annal peut réclamer par la complainte
contre toutes constructions qui attenteraient à
ses droits ou en entraveraient l'exercice (1).

C. civ., 1139,
1143, 1146.

Mais la sommation de cesser les ouvrages ou
constructions ne peut plus produire d'autre effet que de constituer en demeure et de rendre
passibles des dommages et intérêts ceux qui

---

(1) *Quid* si le nouvel œuvre a été fait avec autorisation administrative? En général, la loi n'attribue aucun droit à l'administration pour ce qui concerne les intérêts privés de particulier à particulier. Voyez le recueil de M. Sirey, an 1821,
2ᵉ partie, p. 46 et 65. Dans ce recueil, où les arrêts des cours
sont rapportés avec une précision remarquable, et souvent
discutés avec un rare talent, on trouve aussi des décisions du
plus grand intérêt, en matière de droit public administratif.

n'y ont pas déféré, lorsque la demande se trouve juste et bien vérifiée (1).

150. Ce que nous venons de dire des nouvelles constructions doit s'appliquer aux plantations d'arbres et haies qui pourraient être faites en contravention aux lois ou aux conventions des parties.

C. civ., 671, 672.

Le voisin peut exiger que les arbres et haies qui ne seraient pas plantés à la distance requise soient arrachés.

Celui sur la propriété duquel avancent les branches des arbres du voisin, peut contraindre également celui-ci à couper ces branches.

Dans ces cas, la voie de la complainte et celle du pétitoire sont ouvertes. Celle de la complainte, au possesseur annal, devant le juge de paix et dans l'année du trouble ; et la voie du pétitoire à celui qui se prétend propriétaire, devant le tribunal civil d'arrondissement, même après l'année du trouble.

151. La complainte devant le juge de paix est-elle ouverte au possesseur troublé par un acquéreur de domaines nationaux ?

---

(1) Arrêt de la cour de cassation du 11 juillet 1820. — Sirey, 1820, 1re partie, p. 434.

La loi du 28 pluviose an 8, article 4, disposant que les conseils de préfecture prononceront *sur le contentieux des domaines nationaux*, on pourrait penser que la question que nous nous proposons doit être résolue par la négative. Mais au contraire, il a été décidé que l'autorité administrative n'est compétente pour connaître des difficultés qui concernent les acquéreurs de biens nationaux, que lorsque ces difficultés sont relatives au fond, et que le juge de paix, dans notre espèce, peut prononcer sur une demande possessoire, attendu qu'il ne préjuge ni du mérite du fond, ni des titres de propriété (1).

Il en est de même si l'action est dirigée contre un fermier qui tient son bail d'une autorité administrative (2).

152. Nous devons rappeler que le juge de paix ne peut statuer que sur la possession. Y a-t-il eu trouble ? à qui appartient la possession annale ? Telles sont les questions soumises à sa décision ; telle est la complainte.

---

(1) *Répertoire de Jurisprudence*, 4ᵉ édit., au mot *Complainte*, section 6. Décret du 24 mars 1806.

(2) *Répertoire, ibid.* — Arrêt de la cour de cassation du 28 août 1810.

Que si chacune des parties, ou l'une d'elles, C. pr., 59-30 prétend être propriétaire, produit des titres pour le prouver, ce n'est plus une question possessoire, c'est une revendication de propriété, c'est une action pétitoire, et par conséquent de la compétence des tribunaux civils d'arrondissement. Car le juge de paix ne connaît que des causes qui lui sont spécialement attribuées par la loi, et la loi ne lui attribue que les actions en revendication de possession, et non celles en revendication de propriété. Il ne peut à cet égard juger du mérite des titres de chacune des parties ; il ne peut prononcer que sur le fait de la possession ; il C. pr., 25. ne peut cumuler le pétitoire et le possessoire.

153. Quand nous avançons que le juge de paix ne peut statuer sur le mérite des titres de propriété produits par les parties, il faut en conclure seulement qu'il ne peut annuler l'un en déclarant l'autre valable, ni donner à l'un la préférence sur l'autre relativement au fond du droit, puisqu'alors il prononcerait sur la propriété. Mais si les faits ou les caractères de la possession sont obscurs, il peut, pour les éclairer, consulter les titres et y puiser des élémens de décision. Dans ce cas, il ne prononce point

sur ces titres; il juge seulement la possession d'après les présomptions qu'ils lui ont fournies et les circonstances de la cause (1).

Si l'un de ces titres était nul, le juge de paix se bornerait à ne pas le prendre en considération.

C. pr., 25. 154. Le tribunal de paix juge la possession, et ne peut prononcer sur la propriété; le tribunal civil d'arrondissement juge la propriété et ne peut prononcer sur la possession, ou en d'autres termes le possessoire et le pétitoire ne sont jamais cumulés (2).

------

(1) Voyez un arrêt de la cour de cassation du 11 août 1819. —Sirey, 1820, 1re partie, p. 6, et les autres arrêts de la même cour, rapportés aux nos 136 et 142.

(2) Si le juge de paix, saisi d'une action possessoire, se trouve dans l'impossibilité de reconnaître lequel des deux contendans est le véritable possesseur, il peut renvoyer les parties à se pourvoir au pétitoire; et le juge, saisi en vertu de ce renvoi, peut statuer sur la question de propriété; ce n'est pas là cumuler le pétitoire et le possessoire. Arrêt de la cour de cassation du 17 mars 1819. — Sirey, 1819, 1re partie, p. 395. Cette décision est conforme à l'ancienne jurisprudence et à un arrêt du 19 mars 1781, rapporté dans Dénisart, au mot *Complainte*, §. 4.

Mais un juge de paix cumulerait-il le possessoire et le pétitoire en ordonnant, *à l'occasion et par suite d'une action possessoire*, que des bornes seraient plantées pour déterminer la

MM. Pigeau (1) et Carré (2) sont d'avis que l'article 25 non seulement empêche la réunion ou le cumul du possessoire et du pétitoire devant le même juge, mais défend de plus d'intenter les deux actions en même tems par des assignations séparées, l'une devant le juge de paix, l'autre devant le tribunal civil d'arrondissement. Cette interprétation nous paraît dériver des termes de la loi, et elle mérite d'être adoptée, parce qu'il serait abusif de cumuler deux actions, lorsqu'une d'elles suffit pour faire obtenir justice (3).

155. Le demandeur au pétitoire ne sera plus C. pr., 26.

---

ligne séparative de deux héritages ? Résolu négativement par arrêt de la cour de cassation, cité ci-dessus, n° 27-3°, à la note.

Il y a instance au pétitoire entre deux parties dont aucune n'a la possession annale ; l'une d'elles, dans le cours de cette instance, demande que la possession provisoire pendant le litige soit accordée à la partie qui a le titre le plus apparent. Le tribunal de première instance, en statuant sur cette demande de jouissance provisoire, enfreindrait-il l'article 25 qui défend de cumuler le pétitoire et le possessoire ? Résolu affirmativement par arrêt de la cour de cassation du 4 août 1819. — Sirey, 1820, 1re partie, p. 112.

(1) *Procédure civile*, 2° édit., t. II, p. 508.
(2) *Traité et Questions de procédure civile*, t. I, n° 137.
(3) Voyez ci-après le n° 157.

recevable à agir au possessoire. En effet, s'il est reconnu propriétaire, il a de droit la possession ; et s'il n'est pas reconnu propriétaire, il ne peut plus la réclamer ; car la possession est fondée sur la présomption de propriété qui cède à la preuve contraire.

156. Mais nous supposons ici qu'il est intervenu un jugement au pétitoire ; et l'on peut demander si l'article 26 serait encore applicable au cas où, dans le cours de l'instance, le demandeur et le défendeur s'accorderaient, l'un en se désistant de sa demande, l'autre en *acceptant* ce désistement (1).

La question nous semble résolue par l'article 403 du Code de procédure, ainsi conçu :

« Le désistement, lorsqu'il aura été accepté,
» emportera de plein droit consentement que
» les choses soient remises de part et d'autre
» au même état qu'elles étaient avant la de-
» mande. »

(1) Il n'est pas même nécessaire que le désistement de la demande soit accepté par le défendeur. En cas de refus de celui-ci, il ne produit pas moins son effet, si le tribunal l'admet et en donne acte. Arrêt de la cour de cassation du 12 décembre 1820. — Sirey, 1821, 1re partie, p. 137.

Il résulte de cet article que le désistement n'éteint pas l'action ;

Qu'il emporte seulement extinction de la procédure, de manière qu'elle est réputée n'avoir jamais existé.

C. pr., 402, 403; C. civ., 2247.

Ainsi, dans l'espèce, les choses étant rétablies dans leur état primitif, le demandeur serait recevable, non seulement à agir au possessoire, mais encore à se pourvoir de nouveau au pétitoire (1).

157. Notre article 26 a fait naître une difficulté plus sérieuse. La loi ne parle que du demandeur au pétitoire, et M. Carré (2) pose la question de savoir si le défendeur au pétitoire est recevable à agir au possessoire. Il la résout par l'affirmative, en s'appuyant sur les termes de l'article qui n'excluent que le demandeur et sur la maxime, *spoliatus antè omnia restituendus.*

C. pr., 26.

Nous ne partageons pas le sentiment de ce célèbre jurisconsulte ; et voici pourquoi.

Si le tribunal civil d'arrondissement n'a pas

------

(1) Voyez aussi M. Pigeau, t. II, p. 507.

(2) Question 78ᵉ de l'analyse, et 148ᵉ de son *Traité de procédure.*

encore décidé la question de propriété qui lui est soumise, comment le défendeur se pourvoira-t-il au possessoire, sans violer l'art. 25 du Code de procédure qui défend de cumuler le pétitoire et le possessoire? Objectera-t-on qu'il n'y a de cumul qu'autant que chacune de ces actions est formée par la même partie? Mais la loi, en défendant le cumul des actions, ne distingue point si elles sont intentées par la même partie ou par des parties différentes; et en définitive l'effet en serait le même : le possessoire et le pétitoire seraient cumulés dans l'un comme dans l'autre cas, lorsque le juge de paix connaîtrait de l'une des actions, tandis que le tribunal civil statuerait sur l'autre (1). L'opinion que nous émettons ici paraît encore mieux fondée, si l'on considère que la possession suit nécessairement la propriété reconnue, et qu'il résulterait de là, si l'on admettait l'opinion contraire, que le jugement du juge de paix serait inutile et ne pourrait produire aucun effet relativement à la possession, soit qu'il déclarât possesseur celui que le tribunal civil déclarerait propriétaire, soit qu'il accordât cette possession à l'un des contendans; lorsque la propriété se-

----

(1) Voyez ci-dessus le n° 154.

rait adjugée à l'autre. Mais, dit M. Carré, il serait sursis au jugement du pétitoire. Ce sursis n'empêcherait pas que les deux actions n'eussent été intentées à la fois et par conséquent cumulées ; et comme il n'est autorisé par aucun texte de loi, les juges du pétitoire pourraient-ils, en l'accordant, se garantir de la prise à partie ouverte contre les juges qui refusent de répondre les requêtes, ou négligent de juger les affaires en état et en tour d'être jugées?

C. pr., 505, 506 et suiv.

Au reste, près de voir la question de propriété décidée, celui qui se prétend possesseur n'a pas d'intérêt réel à réclamer par une action séparée une possession équivoque et éphémère, puisque la voie du pétitoire est suffisante pour que les droits de chacun soient conservés, les voies de fait punies, les dommages et intérêts assurés.

Nous n'avons encore examiné la question que sous un point de vue. Supposons maintenant que le tribunal civil d'arrondissement ait statué sur la propriété ; la possession ne peut plus alors appartenir qu'au propriétaire. Que resterait-il donc à demander de la part du défendeur qui aurait été condamné au pétitoire? des dommages et intérêts, s'il y a eu à son égard dépossession ou trouble dans la possession. Mais une demande en dommages et intérêts pour troubles ou voies de fait commis contre la possession, lorsqu'on ne réclame pas cette possession elle-même, ne constitue pas l'action possessoire d'après la définition qu'en donne M. Carré lui-même (1).

« L'action possessoire, dit cet auteur, est » une action compétant à celui qui possède à » titre non précaire, et depuis un an, un héri- » tage ou un droit réel s'acquérant par pres- » cription, *à l'effet d'être maintenu ou réin-* » *tégré dans la possession.* »

Ainsi, selon nous, le défendeur au pétitoire ne peut jamais se pourvoir au possessoire ; et il devra, s'il a des dommages et intérêts ou des fruits à réclamer, le faire réconvention-nellement devant le tribunal civil saisi de l'action.

C. civ., 549, 550.

C. pr., 25 et 27.

158. Le défendeur au possessoire ne pourra se pourvoir au pétitoire qu'après que l'instance sur le possessoire aura été terminée : il ne pourra, s'il a succombé, se pourvoir qu'après qu'il aura pleinement satisfait aux condamna-

---

(1) *Traité et Questions de procédure*, t. I, p. 33, ligne 10.

tions prononcées contre lui. Si néanmoins la partie qui les a obtenues était en retard de les faire liquider, le juge du pétitoire pourra, *sur simple requête*, fixer, pour cette liquidation, un délai après lequel l'action au pétitoire sera reçue.

Lorsque l'instance au possessoire n'existe plus, le demandeur, qui s'est désisté de son action ou qui en a été débouté, peut se pourvoir de suite au pétitoire ; car celui qui se prétend propriétaire est toujours admis à prouver sa propriété, même contre celui qui est reconnu possesseur ; et la disposition de l'article 27 du Code de procédure, qui ne permet à celui qui a succombé de se pourvoir qu'après qu'il aura pleinement satisfait aux condamnations prononcées contre lui, ne s'applique nommément qu'au défendeur au possessoire, que la loi traite avec rigueur comme s'étant fait justice lui-même.

459. Le juge de paix compétent pour connaître des actions possessoires est celui de la situation de l'objet litigieux. Il en connaît sans appel jusqu'à la valeur de 5o fr. ; et à charge d'appel, à quelque valeur que la demande puisse monter. Si la valeur n'est pas déterminée au moins dans la demande, le juge de paix

C. pr., 3-2° ; loi du 16—24 août 1790, titre 3, art. 10.

ne peut statuer qu'en premier ressort, comme il a été dit ci-dessus (1).

160. La procédure dans les actions possessoires est la même que dans les autres causes soumises au juge de paix. Ainsi, il faut appliquer à ces actions les règles que nous avons tracées, et relatives à la citation, la comparution des parties, l'instruction et le jugement.

C. pr., 24 et 25; C. civ., 1348. 161. La possession se prouve par témoins; mais l'enquête qui sera ordonnée ne pourra porter que sur les faits de trouble ou de possession, et non sur le fond du droit.

Elle se prouve aussi par titres, c'est-à-dire par actes de possession, tels que baux à loyer ou à ferme, ventes de coupes de bois, procès-verbaux de la coupe et exploitation qui en a été faite, et autres semblables (2).

---

(1) N° 12. Si le demandeur en complainte, après avoir réclamé 50 fr. de dommages et intérêts, conclut à la démolition d'un nouvel œuvre, cette deuxième demande étant d'une valeur indéterminée, le juge de paix ne peut prononcer en dernier ressort. Ainsi jugé par arrêt de la cour de cassation, du 2 avril 1811.

(2) Lange, *Praticien français*, 12ᵉ édit., t. I, p. 247. — M. Merlin, *Répertoire*, au mot *Complainte*.

En combat de preuves sur la possession , on considère celle qui est la plus ancienne ou la mieux circonstanciée. Par exemple , avoir recueilli les fruits est un acte de possession bien plus considérable que d'avoir labouré et semé (1).

On peut aussi produire des titres de pro- priété et alléguer les raisons du pétitoire ; pour fortifier sa possession ; et c'est ce qui l'emporte lorsque les preuves de la possession paraissent égales de côté et d'autre (2).

162. Le trouble se vérifie également par l'acte même, s'il a été occasioné par une oppo- sition judiciaire ou extrajudiciaire , comman- dement , citation en justice ; par témoins , si c'est un trouble de fait (3).

163. Lorsqu'il s'agira , soit de constater l'é- tat des lieux , soit d'apprécier la valeur des in- demnités et dédommagemens demandés , le juge de paix ordonnera que le lieu contentieux

_C. pr., 24._

_C. pr., 41 et et 42._

---

(1) M. Merlin , *Répertoire* , *ubi suprà.*

(2) Du Rousseau de la Combe , *Jurisprudence civile* , au mot *complainte.* Voyez ci-dessus le nᵒ 153.

(3) Lange , *Praticien français* , endroit cité.

sera visité par lui, en présence des parties. Si l'objet de la visite ou de l'appréciation exige des connaissances qui soient étrangères au juge, il ordonnera que les gens de l'art qu'il nommera par le même jugement feront la visite avec lui et donneront leur avis.

C. rural du 28 septemb.—6 octobre 1791, art. 14, 17, 28, 29, 32, 43 ; C. pén. de 1810, art. 444, 445, 446, 447, 448, 449, 450, 456........ ; C. d'instruction criminelle, art. 3.

164. Nous finirons ce chapitre en faisant observer que si des récoltes ou des plants ont été dévastés, des arbres ou greffes abattus, mutilés, écorcés ou détruits ; si des fossés ont été comblés, des clôtures détruites, des háies vives ou sèches arrachées ou coupées ; si des bornes ont été déplacées ou supprimées..........., dans tous ces cas, on peut exercer, comme nous l'avons dit, la complainte, dans l'année du trouble, devant le juge de paix ; on peut aussi employer la voie criminelle contre les auteurs de ce trouble, lors même, dans ce dernier cas, qu'on ne pourrait se prévaloir de la possession annale.

Mais si le défendeur, traduit devant un tribunal criminel, allègue qu'il est lui-même propriétaire ou légitime possesseur de l'objet sur lequel aurait été commis l'attentat prétendu, les juges criminels doivent surseoir et renvoyer devant les juges civils pour statuer préalablement sur cette exception, soit que le prévenu prétende étayer son droit sur un titre, sur une possession trentenaire, sur une servitude, ou qu'il veuille seulement se faire maintenir au possessoire, en se prévalant de la possession annale. La cour de cassation a plusieurs fois statué dans ce sens.

La même cour, par un arrêt du 18 février 1820 (1), a décidé qu'il n'y a de question préjudicielle que celle qui naît d'une exception dont la preuve fait disparaître le délit ou la contravention.

CHAPITRE II.

De la Réintégrande.

---

165. L'ACTION en réintégrande est celle par laquelle on demande à être rétabli dans la possession où l'on était et dont on a été dépouillé par voies de fait.

Cette action est particulièrement introduite en faveur de l'ordre et de la tranquillité

Ordonnance de 1667, titre 18, art. 2.

---

(1) Sirey, 1820, 1re partie, p. 250.

publique, et elle est fondée sur l'ancienne maxime, *voies de fait n'ont lieu en France.*

166. Si quelqu'un se plaint d'avoir été expulsé violemment de sa possession, le juge doit d'abord décider de la possession ; car on ne peut pas savoir s'il a été fait violence au possesseur, si l'on ne connaît auparavant s'il est possesseur ou non (1).

La réintégrande appartient donc à la classe des actions possessoires, et elle est par conséquent soumise à la juridiction du juge de paix.

Loi du 16—24 août 1790, titre 3, art. 10-2°; C. pr., 3-2°, 23 et suivans.

167. Elle diffère de la complainte en plusieurs points essentiels :

1°. Il n'est pas nécessaire que le demandeur en réintégrande s'appuie sur la possession annale ; il lui suffit de prouver une possession actuelle, et de se plaindre de la voie de fait qui l'a interrompue.

2°. Cette action peut être intentée par ceux mêmes qui ne possèdent qu'à titre précaire,

---

(1) Si le juge de paix se trouve dans l'impossibilité de connaître lequel des contendans est possesseur, il peut renvoyer les parties à se pourvoir au pétitoire. Arrêt de la cour de cassation du 17 mars 1819.—Sirey, 1819, 1re partie, p. 395.

comme le font le fermier ou locataire en vertu d'un bail, le créancier en vertu d'un contrat d'antichrèse, le gardien d'un immeuble en vertu de la convention ou du jugement qui en a ordonné le séquestre.

3°. Elle est sans influence sur les droits respectifs des parties, qui demeurent libres de les exercer comme auparavant, soit au possessoire, soit au pétitoire (1).

168. La contrainte par corps a lieu, en cas de réintégrande, pour le délaissement ordonné par justice d'un fonds dont le propriétaire ou *possesseur* a été dépouillé par voies de fait, pour la restitution des fruits qui ont été perçus pendant l'indue possession, et pour le paiement des dommages et intérêts adjugés.

C. civ., 2066-2°.

La loi ne parle que du propriétaire, et si nous ajoutons *possesseur*, c'est qu'il paraît évident que l'intention du législateur a été de réprimer toute voie de fait, soit envers le propriétaire, soit envers le possesseur qui est présumé tel. Cela résulte de la contexture de

____

(1) Arrêt de la cour de cassation des 10 novembre 1819 et 16 mai 1820. — Sirey, 1820, 1re partie, p. 209 et 430.

l'article 2060, et de l'exposé des motifs (1). Tel est aussi le sentiment des auteurs.

---

(1) *Motifs du Code civil*, t. VII, p. 22. Il y est dit :

« . . . .

» Ainsi, la contrainte par corps doit avoir lieu contre celui » qui est condamné à remettre un héritage au *possesseur* ou au » propriétaire. Il y a pourtant cette différence que lorsque c'est » le *possesseur* qui a été troublé ou dépossédé par une voie de » fait, le jugement qui le réintègre ; avant même que la question » de la propriété soit décidée au fond, doit porter la contrainte » par corps, tant pour le délaissement que pour la restitution » des fruits perçus pendant l'indue possession et pour le paie- » ment des dommages et intérêts ; tandis que s'il y a un juge- » ment rendu au pétitoire qui condamne à désemparer le » fonds, ce n'est qu'en cas de désobéissance à ce premier ju- » gement que la contrainte par corps peut être prononcée, et » sans qu'il soit question de fruits ni de dommages et in- » térêts. »

SECONDE PARTIE.

TITRE UNIQUE.

DE LA CONCILIATION.

---

169. La principale fonction des juges de paix consiste à concilier les parties.

Constitution du 22 frimaire an 8, art. 60.

170. — Le préliminaire de conciliation a été introduit dans la procédure par la loi du 24 août 1790, dans l'espoir que la sagesse du juge de paix éclairerait les parties sur les inconvéniens des procès qu'elles seraient dans l'intention d'intenter, et que sa médiation les amènerait à terminer le différend par une transaction ou à le faire juger par des arbitres.

171. Aucune demande principale introductive d'instance entre parties capables de transiger, et sur des objets qui peuvent être la ma-

C. pr., 48.

tière d'une transaction, ne sera reçue dans les tribunaux de première instance, que le défendeur n'ait été préalablement appelé en conciliation devant le juge de paix, ou que les parties n'y aient volontairement comparu.

172. Ainsi, pour qu'il y ait lieu à l'essai de conciliation, il faut,

1°. Que la demande soit principale. Une demande principale est une demande originaire formée contre une partie, et qui ne se rattache à aucune action existante entre les mêmes parties (1).

Cette définition devient plus claire, quand on dit que la demande incidente, par opposition à la demande principale, est formée à la fois à l'occasion d'une autre demande avec la-

---

(1) Une partie, après avoir attaqué devant un tribunal civil un contrat de vente pour cause de lésion, substitue à cette action une demande en nullité du même contrat; la deuxième demande est-elle principale? y a-t-il lieu d'essayer la conciliation?

Oui, car la demande en nullité et la demande en rescision pour cause de lésion sont deux demandes distinctes et non liées entre elles, quoique tendant au même but, l'anéantissement de la convention. Ainsi décidé par arrêt de la cour de cassation du 22 février 1809. — Sirey, 1809, 1re partie, p. 151.

quelle elle est connexe, et contre la même partie.

173. Les demandes reconventionnelles sont-elles assujetties au préliminaire de conciliation?

Non, si elles servent de défense à la demande principale et ne tendent qu'à opérer une compensation. Mais lorsqu'elles n'ont aucun rapport avec la demande principale, il faut qu'elles soient précédées de l'essai de conciliation (1).

174. 2°. Il faut que la demande soit introductive d'instance.

Une demande principale peut ne pas être introductive d'instance. Ainsi l'intervention, qui est une demande formée par un tiers, dans une instance déjà engagée, pour y être reçu partie, est principale quant à l'intervenant ; et cependant elle n'est pas introductive d'instance, et elle est par conséquent dispensée du préliminaire de conciliation. Il en est de même de la demande en garantie, si elle est formée dans

C. pr., 339 et suivans.

C. pr., 175, 49-30.

---

(1) *Nouveau Répertoire de Jurisprudence*, 4e édit., au mot *reconvention*. Voyez ci-dessus, n° 23 et suivans.

le cours d'une instance, et cependant elle est principale, quant au garanti.

175. 3°. Que les parties soient capables de transiger ; et que les objets du procès puissent être la matière d'une transaction.

En effet, l'essai de conciliation n'est ordonné que pour donner aux parties le désir et les moyens de terminer à l'amiable leur contestation ; il faut donc qu'elles aient le pouvoir de procéder à cet arrangement, et que les objets litigieux en soient susceptibles.

176. 4°. Il faut enfin, pour qu'il y ait lieu à l'essai de conciliation, que l'action doive être portée devant les tribunaux civils d'arrondisment, jugeant en matière civile.

Ainsi la tentative n'est pas nécessaire pour les demandes en matière de commerce, ni pour celles qui devraient être portées devant les juges de paix et les cours d'appel.

177. Si la demande qui réunit les conditions que nous venons d'énumérer n'a pas été soumise au bureau de conciliation, *elle ne sera pas reçue dans les tribunaux de première instance,* c'est-à-dire que le défendeur aura, pour l'ex-

clure, une exception qu'il devra proposer avant toute défense au fond, car le préliminaire de conciliation n'est pas d'ordre public ; il est ordonné dans le seul intérêt des parties. Si donc le défendeur plaide au fond, il témoigne par là qu'il veut contester, et que la conciliation essayée aurait été infructueuse. Il devient non recevable à se plaindre de son omission ; et dans le silence du défendeur, le ministère public ne peut proposer l'exception, ni le tribunal l'admettre d'office (1).

478. Sont dispensées du préliminaire de la conciliation,

1°. Les demandes qui intéressent l'état et le domaine, les communes, les établissemens publics, les mineurs, les interdits, des curateurs aux successions vacantes ;

2°. Les demandes qui requièrent célérité ;

3°. Les demandes en intervention ou en garantie ;

4°. Les demandes en matière de commerce ;

5°. Les demandes de mise en liberté ; celles

C. pr., 49.

---

(1) Voyez un arrêt de la cour de cassation du 26 messidor, an 13. — M. Pigeau, *Procédure civile*, 2° édit., t. I, p. 152. — Voyez ci-après le n° 189.

en main levée de saisie ou opposition, en paiement de loyers, fermages ou arrérages de rentes
ou pensions; celles des avoués en paiement de
frais;

6°. Les demandes formées contre plus de
deux parties, encore qu'elles aient le même
intérêt;

7°. Les demandes en vérification d'écritures,
en désaveu, en règlement de juges, en renvoi,
en prise à partie; les demandes contre un tiers
saisi, et en général sur les saisies, sur les offres réelles, sur la remise des titres, sur leur
communication, sur les séparations de biens,
sur les tutelles et curatelles; et enfin toutes les
causes exceptées par les lois.

C. pr., 48.   179. Si les parties ne comparaissent pas volontairement devant le juge de paix, le défendeur sera appelé en conciliation devant lui par
une citation.

180. Le défendeur sera cité en conciliation:
C. pr., 50.   1°. En matière personnelle, réelle ou mixte,
devant le juge de paix de son domicile; s'il y
a deux défendeurs, devant le juge de paix de
l'un d'eux, au choix du demandeur;

2°. En matière de société autre que celle de

commerce, tant qu'elle existe, devant le juge du lieu où elle est établie ;

3°. En matière de succession sur les demandes entre héritiers jusqu'au partage inclusivement ; sur les demandes qui seraient intentées par les créanciers du défunt avant le partage ; sur les demandes relatives à l'exécution des dispositions à cause de mort jusqu'au jugement définitif, devant le juge de paix du lieu où la succession est ouverte.

180 *bis*. Le délai de la citation sera de trois jours au moins, si la partie citée est domiciliée dans la distance de trois myriamètres ; si elle est domiciliée au delà de cette distance, il sera ajouté un jour par trois myriamètres. C. pr., 51, 1033.

La citation sera donnée par un huissier de la justice de paix du défendeur ; elle énoncera sommairement l'objet de la conciliation. C. pr., 52.

Il faut appliquer au reste à la citation en conciliation les règles que nous avons tracées ci-dessus, n° 29 et suivans.

181. Les parties comparaîtront en personne ; en cas d'empêchement, par un fondé de pouvoir (1). Ceci a besoin d'explication. L'article C. pr., 53.

______

(1) Voyez ci-dessus le n° 48.

16 de la loi du 6—27 mars 1791 était ainsi conçu :

Loi du 6-27 mars 1791, art. 16.

« Aucuns avoués, greffiers, huissiers et ci-
» devant hommes de loi, ne pourront repré-
» senter les parties aux bureaux de paix; les
» autres citoyens ne seront admis à les repré-
» senter que lorsqu'il seront revêtus de pou-
» voirs suffisans pour transiger. »

C. pr., 1041.

Il a été abrogé par l'article 1041 de notre Code de procédure. La loi, aujourd'hui, ne défend ni ne prescrit rien relativement à la forme du mandat et à la qualité du mandataire que la partie peut librement choisir, même parmi les officiers ministériels ou hommes de loi. Elle peut de même limiter ou étendre à son gré le pouvoir qu'elle confie. Mais si ce pouvoir est donné en termes généraux pour *comparaître*, il ne peut valoir pour *transiger*. C'est ce qui résulte des articles 1988 et 1989 du Code civil (1).

C. civ., 1988, 1989.

C. pr., 54.

182. Lors de la comparution, le demandeur pourra expliquer, même augmenter sa de-

---

(1) Voyez aussi M. Carré, *Traité et Questions de Procédure*, t. I, n° 252.

mande, et le défendeur former celles qu'il jugera convenables.

Au dessus des passions qui troublent trop souvent le jugement des plaideurs, le juge de paix discute avec eux le mérite de leurs prétentions respectives ; il n'est plus juge alors ; il n'exerce plus qu'une magistrature de raison et de douceur ; il n'a de but que d'amener les parties à un arrangement, et d'autorité, pour y parvenir, que les lumières et la persuasion (1).

183. Le greffier doit-il dresser procès-verbal des dires respectifs des parties, des interpellations et des réponses ?

L'article 54 du Code de procédure dispose : C. pr., 54, 55, 330.

« Lors de la comparution, le demandeur
» pourra expliquer, même augmenter sa de-
» mande, et le défendeur former celles qu'il
» jugera convenables. Le procès-verbal qui en
» sera dressé contiendra les conditions de

---

(1) De ce que le juge de paix ne peut connaître du différent comme juge, on doit conclure qu'il doit s'abstenir d'ordonner la preuve ou la vérification des faits qui pourraient être allégués par les parties. Ses fonctions se bornent à essayer de les concilier ; et il ne peut sortir de ce cercle sans commettre un grave excès de pouvoir.

« l'arrangement, s'il y en a ; dans le cas con-
« traire, il fera sommairement mention que
« les parties n'ont pu s'accorder. »

Ces mots, *le procès-verbal qui en sera dressé,*
se réfèrent à la première partie de l'article
où il est dit que le demandeur pourra expliquer et augmenter sa demande, et que le défendeur formera celles qu'il jugera convenables. Et si l'on rapproche ces termes de la
disposition de l'article 3, titre 10 de la loi du
16—24 août 1790, qui enjoint au juge de paix
de dresser procès-verbal des dires, aveux, ou
dénégations des parties sur les points de fait,
on demeurera convaincu que la question proposée doit être résolue par l'affirmative ; surtout lorsqu'on considère que les parties com-
paraissant pour l'ordinaire en personne et sans
préparation au bureau de paix, font des réponses et laissent souvent échapper des aveux
qui mettent les juges civils à portée de connaître la bonne ou mauvaise foi des plaideurs,
et le plus ou moins de justice de leur cause.

Loi du 16-24 août 1790, titre 10, art. 3.

C. civ., 1317.

484. Pour que les aveux consignés dans le
procès-verbal de non-conciliation puissent être
opposés en justice, il n'est pas nécessaire que
ce procès-verbal soit souscrit par les parties,

puisque c'est un acte authentique aux termes de l'article 1317 du Code civil, et qu'il doit faire pleine foi de son contenu. Il suffit qu'il soit fait mention que les parties, ou l'une d'elles, n'ont pu ou n'ont voulu signer (1).

185. Le procès-verbal contiendra les conditions de l'arrangement, s'il y en a. C. pr., 54.

Ces termes indiquent que les parties peuvent faire toutes stipulations devant le juge de paix, lors même qu'elles auraient pour objet des ventes, des baux, des partages.........; car chacune des parties peut imposer à l'autre telles conditions d'arrangement qu'il lui plaît, pourvu qu'elles ne soient pas contraires aux lois ou aux mœurs ; et si l'adversaire accepte ces propositions, le juge ne peut en empêcher la mention au procès-verbal, qui doit contenir les conditions de l'arrangement.

Si les parties ne s'accordent pas, le procès-verbal en fera sommairement mention.

186. Les conventions des parties insérées au procès-verbal ont force d'obligation privée. C. pr., 54.

____

(1) Voyez aussi M. Toullier, *Droit civil français*, t. IX, n° 125.

C. civ., 1317, 1319.

Le procès-verbal n'en est pas moins authentique ; mais il n'est point exécutoire, car il ne

C. pr., 545.

porte pas le même intitulé que les lois, et n'est
pas terminé par un mandement aux officiers

C. civ., 2123, 2127.

de justice. Il ne produit pas non plus hypothèque d'après les articles 2123 et 2127 du Code
civil, ainsi conçus :

Art. 2123. « L'hypothèque *judiciaire* résulte
» *des jugemens*, soit contradictoires, soit par
» défaut, définitifs ou provisoires, en faveur
» de celui qui les a obtenus. Elle résulte aussi
» des reconnaissances ou vérifications faites en
» *jugement* des signatures apposées à un acte
» obligatoire sous seing privé. »

Art. 2127. « L'hypothèque *conventionnelle*
» ne peut être consentie que par acte passé en
» forme authentique devant deux notaires ou
» devant un notaire et deux témoins. »

C. pr., 55 ; C. civ., 1358 et suivans.

187. Si l'une des parties défère le serment à
l'autre, le juge de paix le recevra, ou fera mention du refus de le prêter.

C. pr., 58 et 65 ; Tarif, art. 13.

188. En cas de non comparution de l'une
des parties, il en sera fait mention sur le re-
gistre du greffe de la justice de paix, et sur l'o-

riginal ou la copie de la citation, sans qu'il soit besoin de dresser procès-verbal.

Cette mention n'est point sujette à enregistrement.

189. *Celle des parties* qui ne comparaîtra pas sera condamnée à une amende de dix francs; et toute audience lui sera refusée jusqu'à ce qu'elle ait justifié de la quittance. [C. pr., 56 et 48.]

L'amende est prononcée par le tribunal civil où l'affaire est portée, sur la réquisition du procureur du roi.

Ainsi, lors même que le demandeur n'aurait pas comparu, après avoir soumis sa demande au bureau de conciliation, et y avoir appelé l'adversaire, cette demande n'en serait pas moins reçue dans les tribunaux civils, et il ne serait passible que de l'amende; car l'article 56 du Code de procédure ne distingue point entre le demandeur et le défendeur; et l'article 48 du même Code n'exclut des tribunaux civils que les causes sur lesquelles le défendeur n'aurait pas été préalablement appelé en conciliation.

190. La citation en conciliation interrompra la prescription, et fera courir les intérêts, le [C. pr., 57; C. civ., 2244, 2245, 2246.]

tout, pourvu que la demande soit formée dans le mois, à dater du jour de la non-comparution ou de la non-conciliation.

Mais pour faire courir les intérêts, devra-t-on y conclure expressément dans l'exploit d'ajournement, ou suffira-t-il de faire la demande du capital ?

M. Toullier, sur cette question, s'exprime ainsi :

« L'article 1153 du Code civil dit expressé-
» ment que les intérêts ne sont dus que du jour
» de la *demande;* ce qui ne peut s'entendre
» que du jour où le créancier a conclu aux in-
» térêts ; car l'article ne dit pas du jour de la
» demande du capital, mais simplement du
» jour de la demande ; et comme il ne parle
» que des intérêts, ce n'est qu'aux intérêts
» qu'on peut rapporter ses expressions (1). »

Nous ne croyons pas cette opinion fondée.

C. civ., 1153, 1146, 1139.

L'article 1153 n'a pour objet que d'évaluer les dommages et intérêts, quand l'obligation qu'on tarde d'accomplir consiste dans le paie-ment d'une somme d'argent ; et il en faut re-venir à l'article 1146, qui a posé le principe de

----

(1) *Droit civil français,* t. VI, n° 272.

la matière. D'après cet article, les dommages et intérêts so nt dus lorsque le débiteur est en demeure de remplir son obligation; et suivant l'article 1139, le débiteur peut être constitué en demeure par une sommation ou un acte équivalent : la condamnation aux intérêts fixés par la loi n'ayant lieu que pour récompenser le créancier du dommage que lui cause la privation d'une somme de deniers qu'il peut être forcé d'emprunter ailleurs, il nous semble que ce dédommagement doit lui être accordé du jour qu'il a constaté l'inaccomplissement de l'obligation par la demande du capital, conformément à l'article 1139.

C. civ., 1904.

Telle est aussi l'opinion de M. Delvincourt (1).

---

(2) *Institutes Française*, t. II, p. 153, note 1re. V. aussi l'article 1904 du Code civil.

FIN.

www.ingramcontent.com/pod-product-compliance
Ingram Content Group UK Ltd.
Pitfield, Milton Keynes, MK11 3LW, UK
UKHW022224120726
13694UKWH00002B/686

9 782019 226671